Matrimonio sin límites
Cómo triunfar en el amor

Tomo I

Wilson y Sandra Santos

Corrección, Diseño de tapa e interior: *Ediciones Bara* - edicionesbara@gmail.com

CONTENIDO

Introducción.. *5*

Capítulo I
Patrones sociales limitantes................................. *11*

Capítulo II
Bueno en gran manera... *25*

Capítulo III
Una institución sin límites.................................... *33*

Capítulo IV
Una institución divina... *43*

Capítulo V
Una sola carne... *51*

Capítulo VI
De lo bueno a lo excelente.................................... *65*

Capítulo VII
Parte de las estadísticas....................................... *75*

Capítulo VIII
Los hombres son de Marte y las mujeres de Venus............... *83*

Capítulo IX
Más conciencia es = a mejor matrimonio.................. *93*

Capítulo X
El amor es más que cuatro letras.......................... *103*

Capítulo XI
Antídoto para el divorcio..................................... *119*

Capítulo XII
Los enemigos del amor.. *131*

REFERENCIAS BIBLIOGRÁFICAS................... *153*

Introducción:

Pedro y Rosa constituían una excelente pareja. Él era enérgico y agresivo. Ella era retraída y discreta. Se complementaban perfectamente. A menudos se les podía ver tomados de las manos, sonriéndose con afecto el uno al otro.

Cierto día Pedro y Rosa invitaron a cenar a un matrimonio amigo. Durante las horas que pasaron juntos los dos matrimonios, naturalmente Pedro y Rosa se comportaron como una pareja feliz. Y el trato tierno que se dispensaron impresionó a sus amigos visitantes. Tanto que, después de la comida, el invitado llamó aparte a Pedro, y le preguntó cuál era el secreto de la felicidad matrimonial.

Entonces Pedro le contó lo siguiente:

—No siempre en nuestro matrimonio las cosas fueron así. Los primeros dos o tres años fueron muy tormentosos, a tal punto que casi nos separamos. Pero antes decidimos hacer una lista de todos los puntos que nos parecían mal del otro. Las listas —prosiguió Pedro—, **me resultaron bastante largas, pero Rosa me dio la suya y yo le di la mía.**

Según lo que confesó Pedro, al principio las listas hirieron el orgullo de ambos, porque figuraban en ellas las cosas que nunca habían tenido el valor de decirse.

Ante aquellas listas francas y reveladoras, los esposos pudieron haber estallado en ira y acusaciones mutuas. Pero en lugar de reaccionar de esa manera, entre ambos tomaron las listas y las quemaron en el patio, mientras abrazados y con lágrimas miraban cómo se consumían. A continuación, Pedro y su esposa se sentaron y se pusieron hacer otra lista, pero esta vez con todo lo bueno que cada uno veía en el otro. Fue difícil hacer la lista; les llevó varios días. Pero una vez terminadas las colocaron en un cuadro en el dormitorio, y cada día las leían para motivarse mutuamente en el cultivo del amor. A partir de ese entonces ambos esposos comenzaron a saber lo que es la felicidad conyugal.

Lograr plena armonía en el matrimonio no siempre es tarea fácil. Y a veces ni los años de la vida logran dar plena felicidad a una pareja de esposos. Por eso a veces pueden verse matrimonios que apenas se toleran. Viven bajo el mismo techo, pero sus corazones están divididos. Se casaron ilusionados buscando la felicidad, pero muchos de estos matrimonios no la encuentran y ven como salida el divorcio. Otros permanecen juntos, pero apenas se toleran. ¿No será que estos matrimonios deben hacer como Pedro y Rosa: quebrar la indiferencia personal, el amor propio, la rudeza, para cultivar el afecto y la ternura? Pero por nuestras propias experiencias, y por las tendencias hacia el divorcio que han tomado las parejas hoy en día, sabemos que éste no es el camino que ha preferido la mayoría. **La gente se casa y se divorcia con tanta facilidad que parece que el matrimonio va desapareciendo.**

Alberto Piernas publicó un artículo titulado: "¿Por qué hay tantos divorcios en el siglo XXI?"; en el cual dio cifras alarmantes sobre la cantidad de separaciones en nuestro tiempo. Él dice: "La historia muestra que en las últimas décadas han habido más divorcios que matrimonios. En España, por ejemplo, hay un divorcio cada cuatro minutos y en Estados Unidos más del 50% de los casamientos se rompen". Algunos factores por los cuales hay tantos divorcios son: En primer lugar existe la liberación de la mujer en el sector laboral, lo cual le permite mantener una independencia económica ligada a un estilo de vida autosuficiente como soltera, viuda o divorciada. El otro factor son las redes sociales que, según las estadísticas de divorcio, el 65% de los mismos estuvieron relacionados a este factor. Otros factores más comunes por lo que las personas se divorcian son:

1) **Elección**: Elegí mal, me enamoré por el aspecto físico y superficial.

2) **Dinero**: Puse esto por delante y fracasó. Yo tenía mi cuenta para mis gastos y caprichos, él tenía la suya para lo que quisiera hacer. No teníamos dinero en común, nada más que para pagar los gastos comunes, no para hacer un hogar pensando en el futuro.

3) **Sacrificio**: Creíamos que el matrimonio solamente era color de rosa y no queríamos ver las espinas que tienen las rosas.

4) **Violencia**: Me divorcié porque mi pareja tenía ataques de ira que le llevaban a perder el control.

5) **Virtudes y valores**: Porque no he sabido reforzar las virtudes y los valores que tiene mi pareja.

6) **Infidelidad**: Nos prometimos fidelidad y no la cumplimos. Cada uno tiene relaciones fuera del matrimonio.

7) **Entrega y adaptación**: Habíamos prometido que cada uno de nosotros iba a cambiar algunas actitudes nocivas.

8) **Egoísmo**: En el fondo, nunca creímos que íbamos a ser una sola persona, ni nunca pusimos los medios para llegar a serlo. Nuestro egoísmo e individualismo no nos permitió entregarnos completamente. Seguíamos estando separados mentalmente.

9) **Cambios**: La famosa frase "cuando me case, le haré cambiar" nunca ha funcionado y menos en nuestro

matrimonio. Seguimos teniendo los mismos defectos que cuando éramos solteros.

10) **Culpabilidad**: Hay personas que se echan la culpa de todo lo que ha pasado en el matrimonio. Se frustran y enferman.

Aunque ya sabemos las diferentes razones del porqué las personas se divorcian, en mi manera de ver el divorcio, el problema está ligado a las razones del porqué las personan se casan y a la intención de un matrimonio el cual, en muchos casos, puede ir desde la ambición hasta el miedo de quedarse solo o a la supervivencia. Pero la respuesta sobre el divorcio hoy en día, de todos modos, es muy sencilla: Nos divorciamos porque nos aburrimos y porque somos ambiciosos. La concepción del amor para muchos es confundida con dependencia emocional, posesión y celos que lo llevan a diferentes eventos de fracasos en la relación.

El amor verdadero:

• No es una pasión ciega.

• No es un sentimiento descontrolado.

• No es un intento sujeto al dictado de los genitales.

• No es una obsesión que descalifica para ver y atender los deberes de la vida.

• No es posesivo con intención egoísta.

• No es depresivo, ni egoísta, ni enfermizo.

• No tiene envidia, no es jactancioso, no se envanece, no es indecoroso, no busca lo suyo, no guarda rencor, no se goza de la injusticia.

• Es el sentimiento más noble.

• Está dispuesto a dar lo mejor de sí.

• Proporciona madurez y estabilidad emocional.

- Es un don de Dios y se nutre de Él.

- Es un estado del corazón, pero no divorciado de la razón.

- Es creativo, estimulante y crea felicidad.

- Es la base del matrimonio y lo que da sentido a la vida.

- Es limpio, comprensivo, tierno y respetuoso.

- Es el factor sin el cual la relación sexual carece de belleza.

- Debe expresar a Dios por encima de todo y al prójimo como a uno mismo.

- Es sufrido, es benigno, se goza de la verdad, todo lo cree, todo lo espera, todo lo soporta, el amor nunca deja de ser.

Podemos evitar el divorcio y ser felices en nuestros matrimonios si comenzamos hacer todo aquello que nos acerca a nuestra pareja y nos ayuda a amarla más cada día.

Cierto día una señora entró furiosa en el consultorio del doctor George Crane y le confió que odiaba a su marido y quería separarse de él. Además, añadió la mujer: "Quiero hacerle el mayor daño posible". "En ese caso —le aconsejó entonces el doctor Crane—, comience a abrumarlo con atenciones y cariño. Y cuando usted llegue a serle indispensable y él piense que usted lo ama profundamente, entonces pida la separación. Ésa será la mejor forma de herirlo".

Meses más tarde la señora regresó al consultorio para decirle al Psicólogo que había seguido al pie de la letra su consejo. "Bueno, cuánto me alegro —dijo el doctor Crane—". Añadió: "Ahora es el momento de la separación de su marido". "¿Separación? —exclamó la mujer—, de ninguna manera. Ahora estoy más enamorada que nunca de mi esposo".

El destacado profesional había tenido éxito con su consejo. Recetando amor como remedio para ese matrimonio enfermo, logró salvar la unidad de toda la familia. Pero el efecto sincero y sostenido no solo sirve para curar las desavenencias conyugales, sino también para evitarlas, a fin de asegurar la felicidad en la pareja. Tanto con las palabras como con las acciones cotidianas, los esposos deben regar la planta del amor conyugal. Es una pena verlo secarse y marchitarse indefinidamente.

Preguntas personales:

¿Cómo está tu afecto con respecto a tu cónyuge?

¿Están felicites porque se sienten rodeados del amor fiel y sincero que se demuestran?

¿Tiene usted hacia su cónyuge atenciones especiales que le brinden estímulo y aliento?

¿Sabe usted dar afecto y cariño a su pareja y a sus hijos?

¿Acepta con alegría las manifestaciones de afecto de su cónyuge?

¿Está usted planeando divorciarse de su pareja o ha pensado en esa posibilidad algún día?

¿Sabe también usted también ser afectuoso(a)?

Cuando alguien del sexo opuesto se muestra cortés con tu pareja, ¿cómo usted se siente?

Cuando habla con su pareja, ¿lo hace de manera objetiva o siempre salen peleados?

La respuesta a ésta y otras preguntas son lo que vamos a estar presentando a continuación.

Capítulo I

Patrones sociales limitantes

Ramona era una buena chica, muy emprendedora, animada, inteligente, siempre cariñosa e incluso muy bonita. Todo el que la conoce dice que Ramona no tuvo suerte con su primer matrimonio. Es posible que ella haya elegido mal, ya que él era un tipo maquiavélico.

Él era un hombre triste, manipulador y egoísta. La pregunta de los amigos era: ¿Qué fue lo que Ramona vio a ese hombre?

Afortunadamente Ramona, no sin esfuerzo, consiguió salir de esa relación tan tortuosa y destructiva y que nada aportaba a una persona de tan buen corazón como ella. Todos sus amigos respiraron satisfechos, pero la felicidad duró poco. Hace un año ella conoció a un profesor de un instituto y con una catadura muy parecida a su antiguo marido, él la enamoró, ella quedó perdidamente enamorada de él y pronto se fueron a vivir juntos.

Como todos sus conocidos anticiparon, las cosas comenzaron a ir por el mismo derrotero que su matrimonio anterior. Él resultó ser egoísta, manipulador, controlador, celoso, aburrido, enfermizo e hiriente.

Tremenda historia, pues representa una realidad social.

Yo soy Sandra Vásquez y estoy frente a mi esposo, y para comenzar con este nuevo libro quisimos introducirnos de esta forma, pues esta historia muestra muy bien lo que es un patrón de comportamiento psicológico, social, o educacional.

Ramona repitió la vida que supuestamente había abandonado y la razón es porque en las relaciones siempre se repetirá la misma historia a menos que no pasemos el proceso correcto y crezcamos como persona. Esto solo se logra si la persona sigue un proceso de educación, reconocimiento, abandono del pasado y sanidad interior.

La gente que no busca el crecimiento interior y no pasa el proceso de la transformación repite los mismos patrones mentales y sociales que ya ha aprendido y vivido.

A estos patrones que formamos en nuestra mente y que gobiernan nuestros hábitos, los expertos llaman "paradigmas mentales". Los paradigmas son patrones psicológicos, mapas mentales y creencias que rigen nuestra conducta y nos hacen ver la vida no cómo es, sino cómo la percibimos.

Debido a que este trabajo lo estamos haciendo yo y mi esposo Wilson, quisiera dejar que él te hable un poco de su niñez, su educación y de lo que socialmente aprendió sobre el matrimonio y de lo que él percibía en su adolescencia acerca de lo importante sobre una mujer. Esto es muy relevante, ya que cuando nosotros comenzamos nuestra relación y al principio de nuestro matrimonio, Wilson y yo no éramos personas muy compatibles en ideas, creencias y sueños. Tampoco estábamos unidos sobre lo que creíamos acerca de los hijos, las amistades, la familia y el trabajo. Ambos fuimos criados en hogares diferentes y con padres muy distintos en todos los ámbitos de la vida.

La mayoría de los matrimonios enfrentan el desafío del deterioro social y la decadencia de la moral y los valores familiares. Un hombre y una mujer que nacen y crecen en un matrimonio funcional, no piensan iguales que los que nacieron en uno disfuncional. La razón de esto es porque los patrones y las creencias que fueron adquiridos en la niñez influyeron grandemente.

Wilson: Saludos a mis queridos lectores. Quiero que sepan que me da gusto compartir los conocimientos de este libro con ustedes, especialmente contigo Sandra, ya que tú eres la persona que está más cerca de mi vida y mi corazón. Bueno, déjenme contarles ahora lo que aprendí en mi edad temprana sobre el matrimonio y lo que pude percibir del ambiente de mis ancestros y padres en el que me desarrollé. Cuando era niño lo más verdadero que conocía del matrimonio era el ejemplo de mis padres y de los abuelos paternos, los cuales solo conocían lo que las experiencias de sus vidas les habían otorgados.

Quiero decirles que yo tenía dos abuelos, uno siempre me daba lecciones de crecimiento y de vivir una vida mejor, y el otro, por lo que yo me acuerdo, nunca tuve una conversación de frente o de más de una o dos palabras con él. El abuelo por parte de mi padre era nuestro vecino la mayor parte de mi temprana vida, excepto cuatro años que viví con mis abuelos maternos.

El ejemplo que tuve de lo que es el matrimonio con mis padres no fue malo, con excepción de que nunca me dieron ninguna información sobre el mismo. Mis padres nunca se sentaron a hablarme del tema y mi padre siempre fue dominante en la relación con mi madre. Por otro lado, mis abuelos maternos solo se daban cariño en tiempos festivos. Mi abuelo materno con el cual viví tres años de mi niñez y el que más influenció en mi vida, se levantaba a la cinco de la mañana y llegaba entre once y doce de la noche (él trabajaba en el día en su tierra y administraba las cooperativas en la noche). Hacía eso seis días a la semana y los domingos, o estaba en los negocios, o se iba a su hobby: el juego de gallos.

Cuando celebrábamos algunos días especiales tales como navidad, día de la madre, cumpleaños, semana santa, etc., mis abuelos maternos se tomaban algunos tragos de vino y se apartaban en el patio de la casa para darse algunas caricias y besos en la oscuridad de los árboles del campo.

Tú ves eso último, me gusta, me dice Sandra con entusiasmo.

Pero en verdad lo que quiero dejar claro es que éstas fueron las únicas dos personas casadas cerca de mí que se veían en algunas ocasiones dándose algunas caricias, pues las caricias y los besos en esos tiempos eran más asunto de novios que de personas casadas y peor si tenían hijos. Las personas casadas y con hijos se avergonzaban de darse cariños delante de los demás y los hijos se avergonzaban de que los padres hicieran tales cosas.

Me acuerdo cuando mi madre quedó embarazada de sus dos últimas hijas, yo tenía ocho años y el que se suponía que era mi hermano menor tenía siete años. Me mataba la vergüenza de tan solo pensar que mis amigos supieran que mis padres tenían sexo. En mi manera de pensar en esos tiempos mis padres eran viejos (mi madre 27 años y mi padre 35), y no tenían derecho a tales deseos.

Wilson, -interrumpe Sandra-, **disculpa la interrupción, pero es para decirte que me imagino que esto era un patrón casi de todos los hijos, pues los nuestros cuando nos ven dándonos cariño se meten entre los dos y si estamos encerrados en nuestra habitación nos quieren tumbar la puerta. Ahora es bueno que los que estamos casados y con hijos que no cometamos el error de creernos que por el tiempo de casados ya no tenemos derechos a tener placer, expresiones de cariño y sexo pleno. Los hijos no deben quitarnos la vida matrimonial. El otro error que cometen algunas parejas con hijos es que se creen que todo su tiempo es solo para los hijos y se descuidan de sí mismos como pareja".**

Sandra hace una pausa y continua:

"Wilson, ya que estás hablando de tus abuelos, ¿por qué no me hablas un poco de tus abuelos paternos?

Tienes razón en eso. Mi abuelo paterno siempre vivió cerca de la familia, pero nunca aportó mucho a nuestra educación, no dormía en la misma cama con mi abuela, nunca lo hizo, por lo menos es lo que puedo recordar. Nunca sacaba tiempo para conversar con la abuela y mucho menos compartir con ella algún momento fuera bueno o malo. Eran dos personas que vivían en la misma casa y se servían el uno al otro.

Luego, cuando era ya un adolecente, me di cuenta que ella siempre se quejaba por su mala decisión al casarse, pues según mi abuela pudo conseguirse un mejor hombre, con más dinero y más elegancia que mi abuelo. La historia me agradaba, porque la idea de que pude tener un abuelo rico en vez de uno pobre y enojadizo, me entusiasmaba bastante. Ella nos hablaba de un antiguo novio, un hombre alto y rubio que la pretendía cuando estaba soltera. Este hombre a ella le gustaba, pero los padres de mi abuela prefirieron a mi abuelo Luis Santos, el cual sorpresivamente se presentó en la casa para pretenderla.

Todo lo que mi abuela María sabe del casamiento con Luis es que sus padres lo arreglaron sin importarles lo que ella sentía hacia él. Ella solo obedeció un deseo de sus padres y se casó.

Wau, -dice Sandra con tristeza en su cara-, **pobre muchacha, aunque déjame que te diga, esto no era un hecho aislado, ya que ésta era una costumbre muy común en tiempo atrás y déjame agregar que todavía se practica en muchas culturas.**

Sí, así es. Mas, sin embargo, a pesar de todo esto el matrimonio de mis abuelos Luis y María procreó nueve hijos de los cuales vieron crecer ocho. Mis abuelos Luis y María nunca faltaron a sus votos matrimoniales de: "Cuidado, fidelidad, protección, provisión, sostén y de no separarse jamás a pesar de todas sus diferencias".

Mis abuelos hicieron lo que aprendieron de sus padres y entendían que esto era lo requería de ellos la sociedad. Sobre todo, estos detalles lamentables de que mi abuelo nunca le expresó ningún afecto de amor. Mas, sin embargo, cuando mi abuela María murió, Luis no resistió la idea de quedarse sin ella y literalmente su corazón se rompió en dos pedazos, calló en cama y al mes, en el hospital, se despidió de este mundo para seguirla en su camino al más allá.

Me dejas sin aliento con esta historia, -agrega Sandra-, **de verdad se me salieron las lágrimas. Pero lo más triste, Wilson, no es cómo vivían nuestros ancestros, sino que hoy en día la mayoría de las parejas modernas viola estos votos a pesar de que viven en un mundo de mayor información y se casan muy enamorados. En mi opinión hay muchos valores de nuestros ancestros que debemos retomar y hay errores de ellos que debemos corregir. Uno de los valores que en mi opinión debemos retomar es el entendimiento de que el matrimonio es una institución divina y que de algún modo tiene un valor mayor que mis sentimientos, mi propia opinión y lo que cree una cultura en particular. El matrimonio es una institución divina y Dios mismo fue quien puso los principios en los cuales éste debería ser sostenido. Estos principios son: "amor, sexo, respeto, fidelidad, humildad, mansedumbre, felicidad, gozo, procreación de hijos, sujeción, cuidado, entrega, servicio, paz, no pleito, no ira, no contienda, no disensiones, fe, esperanza, templanza, honestidad, responsabilidad, enfoque, armonía, unidad, perdón, no rencor, no odio, trabajo, no adulterio, no mansilla, enseñanza de las leyes y los preceptos de Dios para que los hijos y la pareja sean de bien en la humanidad (los diez mandamientos) y que el matrimonio sea formado por un hombre y una mujer".**

Una institución en crisis

Si Sandra, tienes mucha razón en lo que has dicho. Escucha este dato que leí y que para mí resultó muy interesante. Según la Dr. en Psicología y consejería familiar Nancy Van Pelt, de cada diez matrimonios, solo cuatro permanecen y uno logra el equilibrio de la felicidad, todos los demás permanecen juntos por compromisos, por conveniencias económicas, social, profesional y por "el qué dirán" los amigos, familiares, religión y sociedad a la que pertenecen, otros permanecen juntos por miedo a quedarse solos y otros por costumbres.

Rosa vivía con su esposo solo para que los hijos tuvieran la seguridad de un padre. Ella dormía con sus hijos y el esposo dormía en otra habitación, éste finalmente se cansó de la situación y formó otra familia, la cual ella descubrió cuando aparecieron los hijos que él procreó fuera de su matrimonio. Esta historia es una muestra clara de la crisis matrimonial y la falta de compromisos que tienen las parejas.

¡Pesa más que un matrimonio obligado!

Wilson, mientras tú y yo conversábamos fuera del diálogo del libro sobre el tema, me declaraste una frase que hablándote con sinceridad me sonó un poco chistosa. La frase decía: Pesa más que un matrimonio obligado. Háblame un poco de qué significa.

Gracias Sandra por traer el tema. Esta frase es muy común entre las personas de mi pueblo y me imagino que tú también la llegaste a escuchar. Allá la frase se usa para referirse a una situación difícil o una carga muy pesada. Hace referencia a una pareja que están casados, pero sin ningún tipo de amor o compatibilidad.

Parecen cuentos, pero reflejan la realidad

Hay muchos refranes, historias y chistes que las personas dicen, pero que muestran la realidad de la crisis en la que se encuentra el matrimonio. Déjenme que les cuente una historia que les ayudará a entender mejor el contexto social de un matrimonio en crisis. Mientras guiaba en las calles de New York, escuchaba un programa de radio y unos de los oyentes llamó para opinar sobre las relaciones íntimas en el matrimonio. El locutor entusiasmado con el oyente le hizo la pregunta de cómo iba su relación con su esposa, a lo que él respondió:

—"No muy bien, en verdad".

El locutor sigue el interrogatorio:

—Pero cuando dice "no muy bien en verdad", ¿a qué te refieres?

—Buena pregunta, señor En honor a la verdad le contaré lo que hace poco hice para librarme de tener sexo con mi pareja y usted saque sus propias conclusiones. Me explico... Hace poco mi esposa me llamó cuando venía del trabajo y me dijo: "Mi amor esta noche ven preparado que estoy bañadita y lista para ti, te daré esta noche un sexo inolvidable".

—¿Y qué hiciste? -preguntó el locutor.

—Llamé un amigo mío, el cual es policía.

—¿Cómo así? Cuéntame.

Entonces el hombre agregó jocosamente:

— "Esa noche amanecí en la cárcel preso".

Wau, Wilson, qué historia tan cruel, -interrumpe Sandra con una cara de asco-. **"En otras palabras, él prefería amanecer preso que tener sexo con su esposa".**

Así mismo como lo expresa mi querida Sandra, él prefería caer preso que una intimidad con la esposa.

También, Sandra, hay muchas frases y chistes que nos dejan saber el sentimiento de los casados y el preconcepto que tiene la sociedad sobre el matrimonio y sobre el comportamiento del hombre y la mujer. Frases tales como: "El matrimonio es el demonio"; "El matrimonio es como los Estados Unidos, todos quieren entrar, pero debido a los hijos nadie puede salir"; "El hombre es un burro"; "Las mujeres son culebras"; "Los hombres son perros"; "Las mujeres no hay quien las entienda"; "Los hombres son animales salvajes"; "Las mujeres son arpías"; "Los hombres solo piensan en sexo". También hay hombres que expresan el machismo diciendo frases como: "Cuando la mujer tiene una idea, déjale la idea o córtale la cabeza porque es más fácil arrancarle la cabeza que la idea"; "Cuando Dios hizo el universo, descansó, cuando hizo a los animales, descansó, cuando hizo al hombre, descansó, cuando hizo a la mujer, ahora no descansa ni el hombre, ni el universo, ni los animales, ni el diablo, ni Dios".

Ahora, Wilson, -interrumpe Sandra con voz baja-, lo que no entiendo es porque comenzamos este libro hablando de estas frases, historias y chistes sobre el matrimonio. Tú estarás viendo algo que yo no veo, porque no entiendo nada de lo que esto tiene que ver con un Matrimonio Sin Límites.

Gracias, Sandra, por abrir tu corazón y ser tan honesta conmigo, pues quizás muchos lectores estén pensando lo mismo. La razón por lo que lo traigo a colación comenzando el libro es porque la gente no saca nada por la boca que ya no exista en el corazón. Lo externo es una expresión de lo interno. Las palabras son expresiones de lo que hay en el corazón y son como semillas que se siembran en el alma del ser humano. En mi libro *"Me hice rico sin dinero"*, yo explico que las palabras son como semillas y que el corazón es el terreno donde éstas germinan. Entonces bajo esta verdad puedo categorizar que estas frases dejan en claro los sentimientos de los casados sobre el matrimonio y empeoran sus creencias sobre el mismo. La mayoría de los matrimonios, después de un tiempo de casados, se le va la magia de la felicidad y el romanticismo, y piensan en éste como un estado de fatalidad y obligaciones. Claro, todo esto es una hipótesis, pero la misma puede ser probada en el hecho de que nadie hace chistes despectivos sobre las relaciones en el noviazgo. La razón es porque las personas no se quejan del noviazgo, ya que éste es transitorio, se aburren del matrimonio porque es para toda la vida y al hacerlo dejan salir sus sentimientos en bromas, anécdotas e historias.

Lo externo es una expresión de lo interno.

Amar es una elección para toda la vida

Roberto y Sonia se vieron por primera vez y quedaron hechizados. Claro, el lugar donde se miraron no era un hotel, ni un restaurante, no era en su casa, tampoco en una iglesia o una Mall. Era en el basurero donde Roberto frecuentaba. En un lugar inhóspito y con un olor a podredumbre de basuras, allí se dieron su primer beso y se prometieron amar para siempre.

Estos dos jóvenes no tenían un hogar seguro, ni una profesión. Roberto carecía de una guía de lo que era un verdadero hombre y esto lo había llevado a la falsa hombría. Delincuencia en la calle y al uso de las drogas. Debido a diferentes delitos, éste cayó preso, pero Sonia nunca lo abandonó en el proceso. Ella estuvo con él en la cárcel y en el mundo de las drogas para darle su apoyo. Todos lo abandonaron cuando cayó preso, pero ella se mantuvo a su lado, lo visitó y le juró amor para toda la vida.

En el año 1979 decidieron vivir su vida con propósito y se casaron. En una pequeña iglesia en la ciudad de New York y casi sin ningún testigo, un ministro lo puso a declarar sus votos de compromiso del uno hacia el otro. Su Luna de Miel fue por dos días en un hotel sin estrellas y sin nombre, pues no tenían dinero. Luego se mudaron a Chicago donde después de cuarenta y nueve años de prometerse amor, viven exitosamente juntos y enseñan a parejas cómo tener un mejor matrimonio.

A lo largo de mi vida he visto personas que a diferencia de Roberto tienen educación, fama, dinero, renombre y que de alguna manera saben cómo funciona el mundo y cómo tener éxito en él, pero con varios divorcios. Éstos se han casados y han jurados ser felices y estar juntos para siempre, pero terminan divorciados. Celebridades como Jennifer López, Mark Anthony, Angelina Jolie, Brad Pitt, Ozzy y Sharon Osbourne, Mel Gilbson y Robyn Moore, Alnold Schwarzenegger y Maria Shriver, entre otros, están en la lista y si continuara la lista el libro se llenaría de sus nombres y no bastarían las páginas. Ahora, lo triste de esto es que muchos de ellos se divorciaron después de una edad avanzada y más de 20 años de matrimonio. ¿Por qué? La gente se le olvida que el matrimonio es para toda la vida y que amar es una decisión. Las personas que permanecen juntas no son las más inteligentes, las más famosas, las que tienen más dinero o maestría en consejería familia, las personas que permanecen juntas son aquellos que entienden que tomaron una decisión para siempre y que saben que divorciarse no es una opción.

La diferencia entre Roberto y Sonia, que permanecieron casados a pesar de los inconvenientes y de todos los demás que se divorcian sin ningún aparente impedimento, es que estos dos sin experiencia, sin buenos hábitos, sin educación previa y sin una buena economía, se juraron amor para siempre y decidieron hacerlo por encima de todos los vientos y las mareas que encontraron en el camino. Se ha comprobado que en los países donde el matrimonio es arreglado hay menos divorcios. Esto lo digo no para justificar este hecho, sino para reafirmar lo que estoy diciendo. Que un matrimonio perdure no está basado en que tan compatible eran cuando se casaron, en cuántas veces hicieron el amor, tampoco tiene nada que ver con qué tanta atracción se tenía el uno al otro. Tiene más que ver con la habilidad de tomar una decisión y permanecer en ella dando pasos firmes, haciendo pequeñas decisiones a favor de esa unión e invirtiendo en ambos cada día hasta que la muerte los separe. ¿Quiere saber cuánto vale su matrimonio? Pregúntese cuánto invierte de su dinero, energía y tiempo en él.

Wilson, me gusta eso que estás diciendo, pues cuando las personas escriben un libro de matrimonio o dan una consejería, siempre están hablando de que la mujer y el hombre, para permanecer bien en una relación, deben – hacer–. En otras palabras, la consejería matrimonial en lo profesional se basa mucho en lo que yo puedo comenzar a

–hacer– para hacer mi pareja feliz. El consejero le pregunta a ella:

–¿Cómo es él contigo?

Ella le dice:

–Él no me apoya en la casa.

Entonces el hombre hace un acuerdo con el consejero de apoyarla votando la basura y fregando los platos. También ella en la misma consejería se compromete con el consejero hacer más frecuente el amor con él, a ponerle más atención en la alimentación. La queja de él fue que ella siempre está indiferente a esas necesidades. Ambos quedan de acuerdo y comienzan hacer fielmente su tarea y a ejecutar su cambio. Pero pasando los meses comienzan los pleitos, los reclamos y las insatisfacciones otra vez. Él ahora se siente insatisfecho porque a pesar de que lo hacen más frecuentes ella se niega hacerle sexo oral, porque para ella eso no es higiénico. A pesar de que ahora le prepara los alimentos, no tienen el mismo sabor que antes. Ella le recrimina que fregar los platos y sacar la basura no es suficiente. Ella sigue cansada y él sigue insatisfecho.

Casi nadie en el matrimonio entiende que el matrimonio no se trata de –hacer–, sino de –ser–. No es la actitud de tu pareja lo que está haciendo que todo se pague, es la tuya. Alguien contaba que una vez echó una moneda en la máquina de Coca-Cola, pero la maquina no bajó la botella, comenzó a forcejear con la máquina y a patearla, pero mientras estaba en esa acción levantó la cabeza y vio un letrero sobre la máquina que decía: "Out of order". La máquina no le podía dar la Coca-Cola, aunque él echó la moneda, porque estaba fuera de servicio.

Muchos queremos cosas en el matrimonio que no recibimos porque el matrimonio está fuera de orden. El orden correcto en nuestro matrimonio nos permitirá tener una relación correcta. Si no edificamos correctamente en el orden del Ser, tanto el Hacer y como el Tener morirán con el tiempo. Todo comienza por el Ser y el mayor poder de éste es el amor, porque Dios es amor. Pero el mismo no funciona cuando lo ponemos en la posición de una emoción. Éste es el orden incorrecto. Más tarde veremos todas las cualidades que fortalecen el Ser y por qué éste es tan poderoso cuando lo trabajamos. Pero ahora le dejo con estas palabras:

El amor es la fuerza que le da vida a su matrimonio y éste no es una emoción; razón por la que puede decidir cuando quiera amar o no hacerlo. Yo me atrevo a concluir diciendo que para poder tener un matrimonio sin límites debemos ser personas sin límites y para eso es requerido deshacernos de todas esas creencias sociales equivocadas sobre el mismo.

Capítulo II

Bueno en gran manera

Cuenta una leyenda de que un hombre estaba preso y condenado a muerte. El hombre era un ingeniero muy famoso y un hombre de muchos recursos económicos. Este hombre había sido acusado de un crimen y le habían dado cadena perpetua.

Cierto día el gobernador se le presenta en la celda y le dice: "Señor Almanzar, he sabido que usted es un ingeniero muy famoso y un hombre capaz de hacer cualquier cosa y que para usted no existen los imposibles. Quiero que sepa que el gobierno requiere personas como usted y tengo para usted buenas noticias. El gobierno le dará una amnistía a cambio de su servicio. En mi caso como gobernador me propuse hacerle dos peticiones de las cuales usted solo me tendrá que satisfacer en una".

El señor Almanzor, al estar frente a tan gran oportunidad, con una sonrisa en los labios le dijo que por favor le dejara saber las peticiones.

Gobernador: "Está seguro que podrá llevar a cabo mi petición, es que una vez que acepta el reto no podrá retratarse".

Almanzar: "Claro, yo hago lo que usted requiere con la finalidad de salvar mi vida, además no ahora tengo nada que perder".

Gobernador: "Tengo dos propuestas para usted, una es fácil y la otra es difícil". ¿Cuál le gustaría que le digan primero?

Almanzar: "Dígame la más difícil primero, por favor".

Gobernador: "La más difícil es que usted nos construya un puente desde América hasta Europa".

Almanzar: "Wau, qué difícil, dígame la más fácil por favor a ver si se puede".

Gobernador: "La propuesta es que ame a su mujer, la entienda, la comprenda, la haga feliz, que nunca se queje y se sienta la mujer más dichosa del mundo".

Ante tal propuesta, Almanzar se queda pensando unos segundos, mientras inclina la cabeza hacia el piso. Ante tal silencio, el gobernador interrumpe con rudeza: "¿Qué dices, te gusta el reto o no?".

El señor Almanzar levanta la cabeza y mirando fijamente al señor gobernador, le pregunta con voz firme: "¿De cuántas vías deseas la construcción del puente?".

El punto central del matrimonio es entender qué tan importante es esa unión y qué tan buena es, para eso el hombre y la mujer requieren verse como dos personas a las cuales se le puede entender, amar y conquistar. Cuando hablo de entender, amar y conquistar, no estoy hablando de no tener problemas, sino de saber por qué existimos para casarnos con alguien más y por qué no quedarnos solos.

Estoy de acuerdo contigo, Sandra, afirma categóricamente Wilson y prosigue: **Yo entiendo como un profesional en la ciencia teológica que al principio de la creación del hombre Adán fue creado solo y éste se rehusó seguir de ese modo. Razón por la que le crearon de sus costillas a la mujer para**

que fuera su esposa y, que yo sepa, ella era una creación nueva y a él le gustó la idea de estar juntos. Sin leyes y sin imposiciones, ellos decidieron por voluntad propia aceptar el regalo que Dios le ofreció. Y Adán le puso por nombre: "varona". Esto indica cómo el hombre recibió a la mujer. En primer lugar, la recibió como su igual y en segundo lugar la recibió como la solución de todo lo que le faltaba. La mujer era el todo de su todo, la que llenaba su alma.

Estoy de acuerdo contigo, Wilson, y sobre lo que decías anteriormente acerca de Adán y Eva, tienes toda la razón. Ellos se unieron para complementarse y complementar su dicha en el huerto del encanto y la abundancia. Mas, sin embargo, esta dicha parece haberse esfumado cuando nuestros primeros padres fueron sacados "de su hogar". Cuando hablo de crisis matrimonial, no me refiero a un hogar con problemas, me refiero al concepto, a las creencias y al valor que le damos al matrimonio o a nuestra pareja, porque es de nosotros que sale todo lo demás. Ésta exactamente es la diferencia entre muchos hombres y Adán, éste deseaba a la mujer y puso por encima de todas las demás necesidades.

> *Cuando hablo de crisis matrimonial, no me refiero a un hogar con problemas, me refiero al concepto, a las creencias y al valor que le damos al matrimonio o a nuestra pareja,*

Aunque aquí, Sandra, tu suenas un poco feminista, tienes razón pues los factores de creencias limitantes sobre el matrimonio es lo que lo ha llevado al hombre en primera instancia a no reconocer el lugar de su esposa, creando en la mujer de hoy mucha rebeldía y deshonra. La lucha de supremacía en la que están enfrascado el hombre y la mujer de hoy, no les permiten definir a plenitud lo bueno que es el matrimonio. Esto trae como consecuencia que sean las creencias sociales sobre el mismo que lo definan. ¿Cómo tener un matrimonio Sin Límites? Aquí le estaré dando algunos Tips, los cuales te permitirán arrancar del seno de tu matrimonio algunos límites mentales:

- **Saber definir y percibir** lo bueno e importante que es el matrimonio para tener una vida plena y para un desarrollo natural saludable, evitando que éste se convierta en un deber religioso, cívico o social.

- **Disfrutar sin reservas** lo que fue hecho para deleitar al hombre y a la mujer. Dios hizo el matrimonio "bueno en gran manera".

- **Definir en nuestra mente lo que es realmente un matrimonio.** Muchos jóvenes de hoy se ven afectados, porque a diferencia de tiempos anteriores donde el matrimonio se limitaba a personas de ambos sexos, hoy no. Esto hace que las parejas jóvenes luchen con la definición de lo que realmente es un matrimonio.

- **Evitar toda creencia socio religiosa** que hace que los religiosos en vez de ver el matrimonio como un deleite, lo definan como una obligación ante Dios. La encuestan dicen que la mayoría de las personas que permanecen casadas y no se divorcian (el 64.22%), lo hacen porque creen que el matrimonio es un compromiso de toda una vida y no porque están enamoradas o se sienten felices juntos.

Las cosas valen si las valoramos

Hay una gran diferencia entre el costo, el precio y el valor de una cosa. Wilson, déjame que te explique. Según el sistema económico de hoy, el precio de algo es lo que se paga en moneda por dicho artículo. El costo es el esfuerzo que se ha realizado para obtenerlo y el valor está basado en la apreciación que se le tiene. El precio siempre estará fijado y basado en la ley de la oferta y la demanda. El costo siempre dependerá de la habilidad, y el valor siempre dependerá de la apreciación. El matrimonio no tiene valor por lo despampanante que fue la boda o en la cantidad de dinero, invitados o personalidades célebres, sino en la esencia del mismo. Esto lo digo porque solo el dueño y creador de algo le da un verdadero valor.

Basada en esta verdad yo podría decir que la crisis matrimonial viene de que la sociedad de hoy presenta el matrimonio como una institución meramente social o religiosa, quitándole el verdadero valor y se olvidan que es más que eso. Es una creación de una institución que les da origen, forma y sentido a las demás creaciones. Es el inicio de todo lo bueno, noble, loable y sublime que ocurre debajo del sol. Es en éste donde nacen las civilizaciones y donde se mueren. Lo que quiero decir es que la mayoría de los fracasos del hombre y la mujer están relacionados a lo que aprendieron o no aprendieron sobre este tema.

Mientras vamos a presentar nuestras conferencias a los diferentes grupos, he observado algo muy importante: Los líderes que tienen mayor éxito son aquellos que se unieron con su pareja en el propósito a seguir. La pareja no debe separarse a menos que no sea por mutuo acuerdo. He visto que cuando los esposos se apartan el uno del otro comienzan a morir en su relación, a menos que no haya una alta conciencia y un poderoso acuerdo mutuo del porque lo están haciendo.

La pareja no debe separarse a menos que no sea por mutuo acuerdo.

Por otro lado, está el valor que le damos a los votos matrimoniales. En los votos matrimoniales los esposos dicen que prometen amarse, respectarse, cuidarse, ayudarse, estar juntos en las malas y en las buenas, en la salud y en la enfermedad, en la pobreza y en la riqueza. Hasta que la muerte los separe. Hoy se cree mucho en el divorcio y se ofrecen muchas facilidades para el mismo. Aunque yo pienso que el divorcio es necesario en algunos casos de abusos e infidelidad, no es algo que debe tomarse a la ligera como se ha querido presentar en nuestra sociedad. Para evitar el divorcio debemos poner en la mente que el voto que hicimos en el altar es algo valioso y no una obligación, sino una elección, y que respectar y honrar el mismo es una elección.

Un voto es un juramento de gran valor. No tengo tiempo para explicarte con detalles el poder de un voto en los tiempos antiguos de los reyes semitas. Pero quiero adelantarte que cuando los hombres y las mujeres vivían para honrar el dicho de su boca, creían que el rompimiento de un voto solo se podía realizar bajo derramamiento de sangre. O sea, la muerte de uno de los dos pactantes. Aunque en el tiempo donde el voto era sagrado y se gobernaba la sociedad y la religión bajo las mismas leyes, la ley Moral y religiosa era una imposición y no procedía del corazón. Pues una sociedad o religión puede poner todas las leyes del mundo para proteger el matrimonio y a las personas del abuso, más no es posible porque en el seno del hogar se puede seguir engañando y maltando al más débil.

Qué importante, Sandra, es que hayas dicho esto, porque exactamente son éstas las razones por la que estamos desarrollando este libro basado en enseñar principios y no leyes. Las leyes solo cubren los actos, pero no el corazón. El matrimonio es una unión de corazón y no de actos. Es en el corazón del hombre donde se guarda todo lo bueno e indestructible. Cuando pronunciemos los votos matrimoniales como una unión del corazón y no como un simple rezo o deber religioso, tendremos matrimonios más felices y duraderos. El matrimonio es un acto bueno en gran manera cuando las personas entienden su valor y cuando los votos toman ese valor, y se realizan con una convicción en el corazón.

> *Es en el corazón del hombre donde se guarda todo lo bueno e indestructible.*

Hace poco vi en televisión la historia de un hombre que se casó con una joven muy linda y con un peso de unas 120 libras. Un cuerpo sumamente hermoso, un rostro de ángel y, como profesional, una vida muy prometedora. Pero se enfermó de una rara enfermedad que la hacía subir de libras sin poder hacer nada para adelgazar. Los amigos la

abandonaron y los compañeros de trabajo comenzaron a burlarse de ella.

Todos los amigos y conocidos comenzaron a dejarla uno a uno, pero él se quedó a su lado. Nada lo hizo desistir y nada le quitó ese amor que sentía por ella. La cuidaba, la acariciaba, tenía intimidad sexual normalmente y la hacía sentir segura. Ella murió de sobrepeso, ya que su cuerpo llego a tener más de 500 libras, tantas que no la soportó más. Pero él estuvo con ella hasta el día de su muerte sin quejas ni reclamo. Esto es lo que yo llamo un voto hecho con el corazón. Yo concluyo diciendo que solo se respetan los votos matrimoniales cuando se dicen desde el corazón y cuando se hace entendiendo el verdadero valor. El voto hecho en un amor desbordado es un voto que no está sujeto a opiniones o circunstancias. Porque muchos se casan y están esperando la primera excusa para divorciarse. Están unidos solo por una ley y siempre buscarán la manera de romperla. Pero el que ama con el corazón sabe que "el amor nunca deja de ser". El matrimonio es bueno en gran manera solo cuando lo entendemos en esencia, porque es de este estado de conciencia de donde nace su valor".

Capítulo III

Una institución sin límites

Wilson, me siento tan entusiasmada con este tema, pues el título "una institución sin límites" me hace pensar en lo que hacemos como trabajo, es decir, instruir organizaciones de negocios y liderazgo. Usar el término "institución" en vez de usar el término más conocido que es "matrimonio" me hace tener una idea más clara de cómo manejarlo y de cómo aplicar principios prácticos de la vida diaria. Pero también cabe la posibilidad de que este término sea nuevo para muchos y me gustaría que les expliques a los lectores qué queremos decir con la frase "una institución sin límites".

Gracias, Sandra, por la pregunta y la manera como quiero fijar el concepto en la mente del lector es contándole una experiencia que tuve cuando trabajaba de Ministro principal de iglesias en mi país. Después de dar una conferencia evangelista, entre los que quedaron interesados para ser parte de mi congregación, estaba una señora ya con cierta edad, que convivía con su esposo. Ella se quería bautizar y para poder hacerlo en mi organización se requería que ella estuviera legalmente casada con su marido.

Visité la casa de la pareja y le expliqué al hombre el proceso de cómo se podía hacer. Le dije que nosotros como organización religiosa estábamos dispuestos a cubrirles los costos estatales y hacerle una celebración entre los más cercanos. Ellos solo tenían que estar de acuerdo y la señora lo estaba.

Me propuse exponerle al marido los planes de casamiento, pero cuando este escuchó la palabra casamiento se puso de pie como si le hubieran puesto la turbina del Apolo XI en su espalda. Subió la voz tan alta que yo pensaba que me iba a tragar vivo. Con cara desafiante, me dijo:

—Mire joven, usted puede ser mi hijo y me cae muy bien como persona, pero quiero que sepa que yo no me caso con ninguna mujer.

—¿No se casa? —le pregunté, con una sonrisa forzada en mis labios. Debido a la edad que tenía el señor y por el tiempo que tenía junto a su mujer, esta declaración me causó mucho desconcierto.

—Sí —me contestó, y prosiguió—: La mujer con la que he de casarme no ha nacido.

—¿No ha nacido? —proseguí—: ¿Cuántos años tienen ustedes viviendo como pareja?

—Cuarenta y dos —me dijo—. Pero la mujer con la que he de casarme no ha nacido.

-Oh, será la mujer con la cual tendrá que legalizar su matrimonio —le contesté.

— ¿"Cómo, así, no es lo mismo? —" -me preguntó con cara de asombro.

— No —le afirmé—, el matrimonio es una institución divina y se efectúa con la unión de un hombre y una mujer, cuando esta unión tiene un propósito de formar una familia y la forman, reciben la aprobación del cielo y esta aprobación no está limitada a las leyes de las épocas y los gobiernos, ya que estas pueden cambiar con el tiempo y con la cultura. Este ejemplo está en la Biblia y lo podemos ver cuando Abraham envió a su criado a buscarle mujer a Isaac. El criado en su búsqueda fue a la tierra de los caldeos de donde venía Abraham y allí le encontró una joven la cual llamaban Sara. La joven aceptó irse con el criado a la casa de Abraham para casarse con el desconocido joven Isaac. Dice que ella antes de que él la viera se puso un velo, cubrió su rostro y él se la llevó a la tienda de su madre donde tuvieron intimidad. Este acto sexual selló su matrimonio. Ese matrimonio solo contaba con la bendición de Dios y sus padres y no tuvo ninguna ceremonia externa (esta explicación no es un concepto doctrinal, ni religioso y no pretende sustituir la creencia de nadie sobre este tópico).

Este caso se repite en David, que mientras corría en las montañas fue encontrando a sus esposas y se fue casando con las mujeres que le dieron sus hijos, incluyendo Betsabé, la madre de Salomón, la cual tomó como mujer después de la muerte de Urías el hitita, su marido y un oficial del rey. Con ninguna hizo una ceremonia más que tomarla por esposa y formalizar el matrimonio con una relación íntima sexual. María, la madre de Jesús, ya estaba comprometida con José cuando quedó embarazada y ese compromiso fue aceptado por la sociedad como un matrimonio que luego tuvieron que formalizar en Belén con el decreto de Augusto César.

Explícame, Wilson, aunque esto quizás preocupe a otros lectores, dijo Sandra, **¿por qué tu das tantos ejemplos bíblicos para explicar una pregunta tan simple? Y ahora me refiero a cuando el hombre te preguntó si casarse y legalizarse era lo mismo.**

Muy buena pregunta Sandra y la razón es porque lo primero que distorsionó el concepto real del matrimonio fue la religión, pues lo enseñó como un concepto de propia interpretación y autoridad, quitándole el ingrediente de intimidad entre el creador y la pareja. ¿Qué quiero decir? La religión de por si trabaja en base a cargas e imposiciones dejando a un lado la intimidad, la relación personal con Dios y el libre albedrío. Imponiendo cargas y obligaciones, y cuando se imponen cargas, éstas traen como resultado las rebeliones, las interpretaciones y en algunas ocasiones los caminos torcidos de aquellos que quieren liberarse sin saber cómo. En la mayoría de los casos la gente busca la manera de ponerse en contra de lo que se impone, pues va en contra de su libertad de expresión. El matrimonio es una institución divina y, como toda institución, debe ser sostenida en principios y acuerdos que se aceptan y se sostienen en el corazón y no en los papeles de la ley.

El matrimonio como institución corre el peligro de perder su esencia y luego desaparecer. Toda institución tiene el peligro de la desaparición. Es más, los expertos dicen que las instituciones tienen tres etapas. 1) El nacimiento. Éste trae la reproducción. 2) Crecimiento. Éste trae con sigo la madurez. 3) Vejez. Esta etapa trae consigo el estancamiento y la desaparición.

Hay tres principales maneras de cómo la desaparición puede ocurrir:

Hacerle perder a la institución su esencia y los principios que la formaron y sostuvieron.

Olvidar la historia de la organización hasta que llega el tiempo en que nadie sabe definirla.

Abusar de la gente utilizando como instrumento la ignorancia, la represión y el temor, imponiéndoles conceptos que los privan de la libertad dejando de hacer lo que se considera correcto y ético para todos y no para algunos.

"Wilson, es interesante lo que dices, pero a ver si te entiendo. ¿Lo que tú quieres decir es que las personas se resisten a lo que consideran obligado, arbitrario o injusto?".

Así es Sandra, y más que eso, casi todos los libertadores terminan cometiendo los mismos errores que sus captores. Esto se debe a que ellos le dieron la formación y el conocimiento. Casi todos los movimientos que se han levantado para exigir un derecho civil, parten desde alguien que trata de imponer sus derechos o sus razones. Martin Luther King y su "Civil Rights Movement" lucharon en contra de la esclavitud y con razón y buena fe lucharon en contra de la desigualdad civil, pero hoy sus seguidores, más que "Derechos Civiles", parecen que luchan en contra de las personas blancas y a veces hasta podría parecer que exigen derechos en contra de la ley y las personas trabajadoras y honestas. En la mayoría de los casos salen a favor del desorden en vez del orden. Aunque el objetivo de Martin Luther King no era ése, el movimiento perdió la esencia con el tiempo y al perderla olvidó la razón de ser. Esto ha llevado a leyes de uso libre de drogas, armas de fuego, sacar delincuentes de las cárceles, apoyar asesinos, abortos sin justificaciones clínicas, el casamiento homosexual, el derecho de esto al adoptar hijos y que los jóvenes hagan lo que le parezca que es bueno para ellos, todas estas leyes han sido impulsadas por estos movimientos, aunque haciendo eso pisoteen el derecho de otros. En esencia se le da derecho a alguien, pero a la misma vez se les quita los derechos y la libertad a otros, y no debería ser así.

Susan B. Anthony, quien encabezó en los Estados Unidos el movimiento "Women Rights", los derechos de las mujeres como Martin Luther King, hizo algo bueno, pero hoy más que abogar por las mujeres, en muchas ocasiones parece un movimiento en contra de los hombres. La pregunta sería: ¿Por qué estos movimientos, aunque tenían el fin de apoyar a una minoría hoy parecen tener otros objetivos? Porque las cosas que se escriben en un papel no aseguran que se cumplan como se escribieron. Solo lo que se hace con el corazón permanece y resulta.

Wilson, permíteme preguntarte sobre esto, dice Sandra rápidamente levantando una mano , **"¿Lo que tú estás queriendo decirnos es que todos esos movimientos tuvieron un buen propósito, pero al comenzar bajo la rebelión en contra de una injusticia y al luchar contra la misma, fortalecieron lo contrario a lo esperado?** De ser así, y es lo que entiendo, yo me atrevo a agregar que una vez más se cumple la ley que lo semejante atrae a lo semejante. Y que cuando resistimos algo, esto persiste. Entonces "lo que resistes persiste y lo que aceptas desparece". No se puede hacer que la policía trate bien al ciudadano, haciendo revuelta en las calles, no puedo hacer que un país sea libre tomando las armas, no puedo acabar con la pobreza terminando con los ricos y así tampoco puede obtener matrimonios felices basados en leyes ridículas de la sociedad, la educación y religión.

Wilson, perdona que te quité el tema, pero un ejemplo claro de lo que te estoy diciendo es que cuando quiero que algo suceda tengo que hacer algo bueno que supere a lo malo que quiero cambiar y de ese modo lo bueno que hago sustituirá lo malo que quiero eliminar. El antídoto en contra del desempleo es generar más empleo. Esto se hace creando fuentes de trabajo y desarrollando nuevas oportunidades, pero no haciendo huelga, no rompiendo tiendas, no criticando el gobierno, no saliendo hablar de lo mismo en los medios sociales. El antídoto en contra de la desigualdad no es el odio, sino la superación personal, el amor a los demás y el amor propio.

¿Qué pasa con los matrimonios? Lo mismo que en la sociedad o en las religiones. La gente aprende a golpear, criticar o no recompensar al que no está conmigo o al que creo que no lo merece. En el matrimonio la pareja se casa atrincherada a estos conceptos y por ende sin entrega, lleno de odios, ira, prejuicios, malas experiencias y con una relación basada en el pasado. Tan difícil es deprenderse de todas estas falsas creencias y experiencias que saliendo de la boda algunos expresan: "A ver si esto funciona". Aunque quieren como esposos y padres hacer algo diferentes a lo que ellos vivieron con su familia, no pueden porque sus viejos prejuicios, luchas y decepciones nublan las nuevas experiencias".

Entiendo, Sandra, lo que quieres decir, pero mi pregunta aquí es: ¿El problema más grande del matrimonio es que la definición de éste ha sido viciada por personas que lo han hecho trayendo al mismo los prejuicios y el dolor del pasado?

Y la otra pregunta aquí sería: ¿Si este problema ha ocurrido porque la sociedad lo quiso definir desde su postura de dolor en vez de seguir las directrices de su original diseñador, el cual tengo entendido que es Dios.

"Wilson, un ejemplo de esto es lo que dijiste anteriormente de lo que es estar casado y legalizado. La gente confunde estar casado con legalizar el casamiento (le llamamos legalizar el matrimonio, cuando dos personas se unen en matrimonio bajo los estándares de la ley de su país)".

Sandra, exactamente, es lo que traté de explicarte. Como todas las instituciones de la tierra, la del matrimonio está definida bajo parámetros humanos legalmente establecidos y aunque mucho ven esto sin importancia es de suma relevancia. La gente es lo que conoce y percibe de la vida. Un ejemplo es que una persona se casa creyendo que su matrimonio es para siempre. La pareja fijará objetivos para lograrlo. El problema es que las leyes sociales que definen y apoyan el matrimonio han creado también las leyes para divorciarse y no siempre estas leyes van acordes con los principios de Dios. Este concepto que diré te va a parecer muy extremista, pero como quiera lo haré: **"El divorcio para dos personas maduras que se aman y deciden estar juntos; no debe ser una opción ni un pensamiento lógico".** Me acuerdo que antes de casarnos, Sandra; varias veces tú me dijiste: "No me importa lo que hagas cuando nos casemos, si me engañas o no, para mí el divorcio no es una opción".

"Pero, Wilson, el punto aquí, y quiero que me lo definas muy bien, ya que fuiste tú que comenzaste con este tópico: Si el matrimonio es una institución hecha por Dios y las leyes más importantes son la de Dios, **¿por qué es tan importante estar legalmente casado?".**

Mira, en primer lugar: La legalización del matrimonio no solo fija una postura en la mente sobre el compromiso, sino también, que las leyes estatales y federales ofrecen beneficios sobre el mismo. Por otro lado, la legalización del matrimonio representa un pacto ante los hombres de algo que han hecho para siempre. Si el matrimonio es para siempre, lo hago lo más seguro posible. Por otro lado, la legalización le ofrece a la pareja estabilidad social y sentido de pertenencia. Por ejemplo, un matrimonio legalizado en USA puede pedirle un estatus legal sobre inmigración a su cónyuge, si la pareja está en países distintos este hecho lo puede reunir. Los hijos pueden tener los derechos legales de heredar los bienes obtenidos por sus padres, beneficios de trabajo, seguros médicos, seguros de vida, adicción de hijos. Es claro que la legalización del matrimonio lo convierte en una institución poderosa en todos los ámbitos. Además, le da una autoridad ante Dios, pues el mismo Jesús dijo: "Lo que es atado en la tierra será atado en el cielo", y viceversa.

Aun así, especialmente en nuestra cultura hispana se lucha por no legalizar el matrimonio. ¿A qué se debe esto? A los temores que nos infundieron nuestros educadores, padres, profesores y ministros sobre qué es el matrimonio y sobre estas leyes que como institución lo componen. Nos enseñaron a temerle a lo que nos protege. La religión fue tan impositiva en el pasado que el rey Enrique VIII de Inglaterra por obtener la anulación de su matrimonio tuvo que sacar una nueva religión. La razón era porque la cabeza de la iglesia de Roma no quiso abolir el anterior. Si en el pasado le pasó algo así a un rey, imagínate la suerte que corrían los demás ciudadanos. Basados en estos conceptos y en leyes es que las personas piensan que es mejor vivir sin esas obligaciones y ataduras, que legalizarse y luego de hacerlo no podar llevar tanta responsabilidad (al mencionar una iglesia en particular me estoy basando en hechos de la historia y no a la iglesia en sí misma, pues ninguna iglesia es culpable de una mentalidad religiosa).

Hay personas que no tienen problema con estar juntos con una persona y tener hijos con ella, pero no legalizan la relación por miedo a fallar. Ellos piensan que, si lo hacen y fallan, ni el mismo Dios lo podrá perdonar. Sin entrar en discordia sobre el tema quiero agregar que cuando el líder de la iglesia popular, la cual ha educado la mayor parte de nuestra gente hispana, enseñó que solo él podía abolir un matrimonio (esta manera tan fuerte de tratar un pacto entre dos personas), trajo muchas distorsiones en la manera de pensar y en las leyes posteriores que quisieron defender a la gente de tales abusos de poder.

Para darle fin a tu pregunta, concluyo con esta respuesta: En mi manera de verlo, el matrimonio como institución de Dios sobre la tierra esta adulterado por falsos conceptos. También concluyo diciendo que el matrimonio es una institución y que como cualquiera institución debe ser regida por reglas convenientes, buenas, acuerdos loables, acciones que den resultados y que definan claramente su esencia.

Capítulo IV

Una institución divina

La historia del linaje adánico comienza diciendo que el Eterno creó al hombre primero. Lo hizo del polvo de la tierra y sopló en su nariz aliento de vida. Un poco después de que el hombre fue formado, también se le envió por el mismo Dios a ponerle nombre a todos los animales que había sobre la tierra. En esta tarea el hombre notó que cada macho tenía una pareja, pero que para él no había ninguna hembra y se entristeció en gran manera. Tanto que Dios tuvo que bajar y preguntarle a Adán: "¿Qué quieres, por qué estás triste?". La tristeza de Adán nos muestra lo importante que era para él tener a alguien a su lado que lo acompañara y lo complementara como individuo.

Cuando Adán vio a la mujer que le habían formado, la llamó "Varona" y dijo porque "del varón fue sacada". Si notas hasta aquí lo que significaba para el hombre, la mujer, era igualdad. La palabra "varona" es un reconocimiento de que lo que está delante de él es parte de él mismo.

La historia cuenta que un hombre, el cual se casó con muchas ilusiones y mucha fe de que se había casado con la mujer ideal, fue engañado por su esposa. Éste había tenido con ella un hijo varón y se fue con él a un lugar apartado, pues pensó que debía evitar que su hijo en el futuro pasara por las mismas desilusiones que él. Alejando al muchacho de su madre y de la civilización, se ocultó en una cueva donde su hijo no podría ver una mujer nunca.

Pasó el tiempo y el muchacho creció hasta llegar a la adolescencia. En esta edad, el muchacho vivía con lo poco que le daba su padre y todo conocimiento que tenía era lo que veía de su papá o éste le decía. Un día cuando el muchacho estaba a punto de cumplir los 18 años, el padre decidió llevarlo al pueblo más cercano donde él siempre iba para comprar alimentos en el mercado. Pero le preocupaba que su hijo viera una mujer, más sabiendo que él nunca había tenido contacto con ninguna. Entonces, alivianó su duda diciéndose: **"Él no conoce lo que es una mujer, nunca ha estado con una, no sabe cuál es el papel de ella sobre la tierra y si la ve no será un problema"**.

Bajo ese pensamiento, calmó sus nervios e inmediatamente habló al joven y le contó de los planes que tenía de llevarlo al pueblo más cercano para el día de su cumpleaños. Llegó el día y padre e hijo emprendieron el largo viaje. Ya llegando a la ciudad, el muchacho asombrado por todo lo que veía, comenzó a hacerles preguntas al padre y el padre a responderle. El joven preguntaba:

—Pa, y que es ese animal que viene corriendo hacia nosotros?

—Un carro hijo —contesta el padre.

—Pa ¿y esa roca grande? —vuelve a preguntar el muchacho.

—No es una roca grande hijo, se le llama edificio.

El joven continúa:

—Pa, ¿y qué es esto, Pa, Pa y qué es lo otro?

El padre seguía contestando sus preguntas No había pasado mucho tiempo cuando una muchacha que caminaba por la calle en dirección contraria y por la misma calzada con un aspecto agradable, una linda sonrisa y un cabello que ondeaba con el viento, pasó enfrente de ellos. Con silueta de sirena movía sus pies como si estuviera en una pasarela. Su cabello bailaba al compás del silbido del viento y con una sonrisa, se queda mirando al joven fijamente. Éste, al verla, se queda quieto, petrificado, con la boca abierta y parado como una estatua en medio de la acera. Trata de avanzar, pero no le responden sus rodillas. El papá que presiente que su trabajo de casi dieciocho años está a punto de echarse a perder, lo toma de la mano y casi lo arrastra hasta ocultarlo de la joven.

El joven, lejos de la hechizante mirada de la joven, reacciona y le pregunta a su padre:

–**Pa, ¿y qué era eso que vi?**

A lo que el padre le contesta:

– **Lo que viste fue una garcita (la garza es un ave de rapiña).**

Los dos vuelven rápidamente a su cueva y el padre se dispone hacer la cena, el padre nota que el hijo no está entusiasmado a la hora de comer la cena, a lo contrario está triste y no quiere comer. Al día siguiente pasa lo mismo en la hora del desayuno y en la hora del almuerzo. Éste se da cuenta que no importa lo que él hiciera, este joven siempre se veía retraído y frustrado. El padre nervioso y asustado por la actitud de su hijo le pregunta:

– **Dime hijo ¿qué te pasa, qué puedo hacer por ti?**

El muchacho no contesta, a lo contrario permanece con la cabeza inclinada al piso con mucha angustia. Ante tal silencio del hijo el padre le vuelve a preguntar:

–**Hijo, ¿qué es lo que quieres?**

Rápidamente el hijo levanta la cabeza y con una sonrisa en el rostro contesta:

– Pa, yo quiero que me des una garcita.

Esta historia es una buena manera para ilustrar la naturaleza del hombre. El hombre y la mujer tienen una necesidad interna de amarse y valorarse el uno al otro. Y cuando esa necesidad no es suplida, entonces en el ser se abre un vacío que nadie o nada puede llenar. Los hombres y las mujeres se atraen entre sí porque es un hecho natural. Nadie le dijo al muchacho por qué le atraía la joven, de hecho le quisieron ocultar el hecho, pero aun así él lo supo en sí mismo.

Una joven, después de sus primeros dos años de casada, me decía: "Es que mi esposo piensa que me puede hacer feliz comprándome utensilios, regalos y buena comida, pero todo eso yo lo tenía en la casa de mis padres, yo me casé con él para que compartiéramos este amor y yo quiero saber y sentir que mi esposo me ama".

Cuando Sandra escucha esto último, interrumpe: **Oh, Wilson, ahora entiendo mejor esto de que no era bueno que el hombre estuviera solo.** Una idea que vino a mí mientras tú me hablabas de la narración sobre Adán como el primer hombre sobre la tierra, es que éste se sentía solo y pobre a pesar de que había animales y a pesar de que tenía mucha riqueza de oro, zafiro, diamante, y todo tipo de piedras preciosas. Esto sin añadir el hecho de que la Biblia dice que el mismo Dios conversaba constantemente con él. El hombre estaba sobre mucho privilegio, pero se sentía solo, triste, pobre y fracasado.

Exactamente ése es el punto, Sandra. Un hombre sin una mujer pocas veces se siente completo y exitoso. En la mayoría de los casos aunque el hombre casado tiene más gasto y tiene menos tiempo para dedicarle a su trabajo, crece más en los negocios y económicamente es más exitoso. A ver si has entendido bien lo que estoy diciendo: ¿Qué piensas tú que quería Adán y por qué estaba tan triste?

Bueno primero me imagino que esa fue la primera pregunta que Dios le hizo a Adán. Debido a que Adán no entendía a totalidad sus sentimientos, pienso que éste solo bajó la cabeza y encogió los hombros. El mismo no sabía describir el porqué de tanta soledad y miseria interna. Entonces Dios dijo: "No es bueno que el hombre esté solo le haremos ayuda idónea para él". inmediatamente durmió al hombre, le sacó una costilla y nos hizo a nosotras de la misma. Desde que Adán vio a Eva, le llamó "Varona" y aceptó la idea de que ella era "Huesos de sus huesos y carne de su carne". Éste inmediatamente entendió que era la mujer la que necesitaba para multiplicarse, para gobernar, para no sentirse solo, para llenar la tierra, para ser feliz, para estar completo y para poner autoridad y extender el dominio sobre la tierra.

Aunque suene muy feminista, ésta es la verdad. Wilson quiero que sepas que fue en esta creación donde nació el matrimonio como una institución divina y no como un invento del hombre. Dios fue el que lo instituyó y sin temor a equivocarme yo afirmo que todo lo bueno que pasa en la humanidad, comienza en un gobierno o una institución. Y el matrimonio como primer sistema de gobierno en el mundo traza las pautas de cómo es y será nuestro mundo. Del matrimonio salen los hombres buenos y los malos hombres. Los que cuidan su cuerpo y sus hábitos, como los que no. Todos los presidentes, los ministros, las grandes organizaciones, los grandes empresarios, los políticos, los asesinos en series y los grandes genios. De éste salen la composición y la descomposición de la sociedad.

Sandra, déjame ver si aclaramos bien lo que acabas de decir y que además veo muy acorde con lo que estamos exponiendo en este tema. "El matrimonio no es una institución que nació en el hombre, sino que es parte de un plan del Creador, el cual lo estableció en el cielo y el Universo, pues fue bendecido y apartado de lo común para que tuviera un uso especial. Y éste es el de "Llenar, fructificar, gobernar, multiplicar la tierra" con luz y conciencia, ya que antes todo estaba en tinieblas.

La pregunta del millón sería: **¿Por qué llamamos en este capítulo al matrimonio "una institución divina"?**

Déjame explicarte brevemente para que entiendas mejor el concepto específico. Etimológicamente podemos encontrar que la palabra Matrimonio se deriva de la expresión latina *"Matris Munium.* La palabra *Matris* que se traduce como Madre, mientras que por otro lado el vocablo *Munium* está relacionado al Cuidado, por lo que su significado podría estar encaminado a los Cuidados de la Madre. Esto define que el matrimonio está definido y fue establecido con un propósito definido. **El matrimonio es la madre de toda la sociedad y el que cuida sus valores.** Considerándose a la madre como la encargada de la protección, crianza, educación y crecimiento de los hijos en el seno de una familia. Esto nunca debió ser un trabajo o una definición para la mujer. La verdadera madre de los hijos y la sociedad es el matrimonio. Lo cual forma un hogar para los hijos y una cuna para el mundo (aunque hoy en día conocemos el valor del término "madre" y la esencia de su significado por la mujer). Piensa en esto, Dios es el padre de la humanidad, pero ¿quién es la madre? La madre es el matrimonio, pues allí se forma el hogar, se cuidan los hijos y se educa la sociedad.

"Bueno, Wilson, me gusta tu definición, pero también yo estuve estudiando que la palabra *Matris* la podemos definir como la unión de un sistema determinado. *Matris* es un centro de unión y control de donde se deriva todo lo demás. O sea que matrimonio también determina la unión de un hombre y una mujer, y posteriormente de los Hijos al evolucionar en una institución llamada hoy en día como familia".

Exactamente eso es lo que digo, y que bueno, Sandra, que trajiste a la mesa esa definición. El matrimonio no es solo lo que representa en esencia, también es un sistema hecho con un propósito y el hecho del matrimonio de tener un propósito de existencia lo hace una institución y como toda institución el matrimonio necesita **crecer, evolucionar, tener leyes claras, ahorrar, invertir, administrar, conversar, tener reuniones administrativas, compartir socialmente, tener unión, planificación, tener confianza uno y otro, tener una visión clara, un propósito, una misión, tener normas,**

leyes y reglas firmemente establecidas para poder avanzar hasta su máximo nivel.

Sandra, tú misma me has dicho que alguien te pidió consejo para casarse y el consejo era que si una mujer debería buscar un hombre que tenga un buen trabajo, ahorro, fama, profesión o propiedades o un gran ministerio, tu respuesta siempre ha sido: "No busque un hombre porque tenga dinero y posesiones económicas, busca una pareja que tenga altas aspiraciones y esté dispuesto a construir un futuro contigo. Porque en la vida matrimonial se construye juntos en vez de ir a buscar por separado. La pareja que quiere crecer junta tiene toda la bendición de Dios para hacerlo". El matrimonio es una institución divina, es una organización del cielo, es su principal creación institucional. Muchas personas dicen: "Deja que Dios entre a tu matrimonio". Yo diría: "Deja que Dios sea reconocido en tu matrimonio". Porque desde que dos personas unen sus vidas ya Él entró y bendijo esa unión la cual bendijo desde el principio. Puede ser que dos personas se hayan casado sin entender esto, pero el hecho de no entenderlo no le quita lo que es, aunque si le podría quitar los beneficios.

Busca una pareja que tenga altas aspiraciones y esté dispuesto a construir un futuro contigo.

"Wilson, déjame hacerte esta pregunta: ¿Lo que tú quieres decir es que todos los matrimonios tienen la aprobación de Dios?

Sí, cuando Jesús enseñó sobre el principio de la unidad, aclaró: "Donde quiera que haya dos o tres en mi nombre ahí estaré yo para bendecirlos y todo lo que pidan le será hecho". Entonces Dios está en su matrimonio para bendecirlo. **Pero si alguien tiene un tesoro en medio de la casa y no lo sabe, no le sirve de nada.** Aunque eso no quita que el tesoro exista. Todos los matrimonios tienen en sus casas el gran tesoro, el mismo que los unió en el principio y aunque muchos no los saben Dios sigue cuidándolos, proveyéndolos y bendiciéndolos. Cuando creemos esta verdad reconoceremos que todo lo que queremos será hecho y que todo lo que nos propongamos será realizado. El matrimonio no fue instituido para que la pareja tenga carencia de cualquier índole, sino que a lo contrario para que fueran completos. Hay principios que afirman que la unión de dos o tres tiene un poder el cual puede ser utilizado para bien o para mal. Este principio se cumple muy bien entre los casados. Las parejas que se unen en un proyecto y que trabajan en el mismo propósito crecen sin límites.

Las preguntas serían: **¿Falta algo en su casa? ¿Tiene alguna necesidad la cual no ha sido suplida? ¿Hay escases permanentes?** Si responde esta pregunta diciendo "sí", en tu matrimonio están pasando dos cosas:

1) Se le olvidó que el fundador del matrimonio proveyó todo antes de casar la primera pareja. Éste fue el sello de que en su hogar nunca faltará nada.

2) No ha reconocido que la unión en todos los ámbitos es el verdadero matrimonio. Si en su casa hay obstáculos que parecen inmovibles, reúnase con su pareja y pida lo que quieren con fe y lo verán. Jesús dijo: "Donde hay dos o tres en mi nombre, pueden pedir y lo que pidan le será concedido".

Un matrimonio como institución sin límites está relacionado a la autoridad del mismo y a la esencia, pues si el creador del matrimonio es Dios y éste es sin límites, su creación no puede ser menos. **El principal objetivo del matrimonio es que el hombre y la mujer lleguen a su máximo potencial.** Primero comenzamos en un matrimonio como hijo con un nacimiento y luego nos graduamos al comenzar en un matrimonio como padres. El matrimonio es el nacimiento del hogar y éste se convierte en una cuna para la sociedad.

Capítulo V

Una sola carne

Una mañana de lunes, Sandra observa que Wilson está muy entusiasmado. Lleva los niños temprano al colegio y vuelve a su rutina de estudio, más tarde con su ropa de gimnasia en la mano le invita para que lo acompañe.

—Hoy no deseo, me siento muy cansada, es que anoche casi no pude dormir y mi cuerpo se siente débil –dice Sandra.

—No beba, hoy no puedes quedarte, la verdad es que hoy quiero que vayamos juntos, estoy teniendo un nuevo concepto para nuestro nuevo libro y quiero que lo discutamos juntos –agrega Wilson.

—No sabía lo importante que es para ti que vaya contigo, veo que es urgente para ti lo que estás haciendo. ¿Me podría decir de que se trata? –pregunta Sandra.

—Está bien, Sandra, aunque es importante para mí que trabajemos ahora por tu condición inmediata podríamos dejarlo para cuando te mejores.

Wilson toma sus guantes y la llave del carro y se despide de Sandra para irse al gimnasio. Pasaron los días y una mañana mientras Wilson está sentado frente a la mesa de la cocina tomando su café, Sandra se le acerca y le pregunta:

—¿Me puedes explicar hoy la idea que tenías para el nuevo capítulo del libro?

—Sí, gracias por la pregunta, estoy listo. Déjame que te explique; el concepto que está en mi mente tiene que ver con la idea bíblica de que los esposos son "una sola carne". Lo que creo es que este término ha sido muy mal interpretado ya que la gente generalmente lo aplica a la unión de un hombre y una mujer en el matrimonio y que el hombre y la mujer están juntos para siempre en cumplimiento de los votos que hicieron, en vez de aplicarse a la unión de la mente de ambos y el propósito que tengan. **Una sola carne es la unión de corazón del hombre y la mujer y para que esto ocurra deben estar de acuerdo.** Jesús dijo: "Cuando dos personas se ponen de acuerdo, todo lo que pidan le será concedido", y a esa declaración le podemos agregar todo lo que trabajen, todo lo que emprendan, todo lo que se propongan. Es necesario unir la mente en un solo propósito y objetivo para que la pareja encuentre la felicidad abundante.

Un ejemplo de esto es que muchas mujeres han perdido sus esposos, y viceversa, cuando éstos progresan económicamente y aunque muchas personas piensan que esto ocurre porque la gente se pone egoísta y se olvida de su cónyuge, no siempre es así; en la mayoría de los casos tiene que ver porque uno de los dos en la pareja no crece en su mente y comienza a serle carga y tropiezo al otro. Al no comprenderlo, entenderlo y no sentirse a gusto con el crecimiento y el sacrificio que éste conlleva vienen los pleitos, los reclamos, las incomprensiones y, como resultado, el divorcio.

Ya hemos dicho que el matrimonio trabaja como una institución y toda institución para que funcione correctamente debe tener reglas, normas, derechos, deberes y un propósito y una visión clara de hacia dónde se dirige. El que sabe para dónde va, ya llegó. Un matrimonio sin una visión y un propósito no cumplirá su destino, debido a que toda pareja debe ser unida. Es unida para expandirse, sin propósito y visión definida no hay unión.

"Me gusta tu punto, Wilson. La verdad es que, aunque lo que dices parece muy empresarial, es muy cierto. ¿Te acuerdas de la joven pareja que quería casarse y nos buscó para que como ministros los aconsejáramos? Algunos colegas habían tratado de trabajar con la consejería de estos jóvenes, pero habían terminado muy frustrados, pues según ellos estos jóvenes eran como un laberinto a los cuales nadie le encontraba la salida. Muchas parejas se casan en este estado de confusión y desorden, y lo triste es que nunca salen del mismo y es imposible la felicidad donde no hay comprensión, aceptación, orden y amor verdadero.

El primer día que me senté con ellos me di cuenta de que las personas que le habían dado consejería tenían toda la razón. Eran un desastre, y tratar de llevarlos a un acuerdo en común era como tratar de tapar un "agujero negro" con un pedazo de pan. A la tercera reunión empecé a sentir frustraciones, ellos se pasaban el tiempo de la consejería peleando, justificando su comportamiento y buscando cuál de los dos tenía más culpa por los problemas que atravesaban. A veces la pareja cuando consigue consejería no lo hacen buscando ayuda, sino buscando justificar su comportamiento tóxico y negativo en el cual están atrapados. En mi manera de ver la consejería matrimonial, muchos consejeros matrimoniales cometen el grave error de preguntarle a las personas cuáles son sus problemas y trabajar en base a los mismos en vez de preguntarle qué es lo que en realidad desean lograr y porque están juntos. Lo primero trae más problemas lo segundo soluciones.

Si le dice a una pareja que te hable de los problemas, las fallas y las faltas que tienen comenzarán a quejarse el uno del otro y a sacar de su closet de la frustración todos los errores. Este camino trae mucha desunión y perturbación de espíritu, a diferencia de lo contrario. Cuando la pareja de la cual les hablo volvió a quejarse, lo primero que pensé decirle fue: "En mi opinión ustedes no deben casarse"; y mucho menos me quería prestar a darle consejería a personas con tan pocas posibilidades de triunfos.

Me acuerdo que mientras estaba confundida en este pensamiento, tú interrumpiste con una declaración que en ese momento me sorprendió bastante: "Si el matrimonio es una institución, la consejería no debe estar basada solo en los patrones morales, sino también en que las personas deben ser educadas sobre patrones institucionales y administrativos y creo que es eso lo que a ustedes dos le falta". Sacudí la cabeza e inmediatamente me llegó el siguiente pensamiento: "Wilson tiene razón. Si el matrimonio es una institución, entonces sus patrones no deben ser emocionales, sino institucionales". Inmediatamente le hablé afirmando esto en ellos y desde este día cambiamos el rumbo de la consejería y comenzamos a trabajar con ellos sobre principios que podrían dar resultados en cualquiera institución u organización del mundo. Éstos fueron los parámetros que usamos y los conocimientos que le otorgamos a esta pareja para que ellos pudieran superar sus diferencias, pudieran casarse con los menos conflictos posibles y hasta ahora este método con ellos fue un éxito total. Y si lo fue con ellos, podría serlo con usted también. Wilson, dile al lector lo que le enseñaste a esta pareja".

Si el matrimonio es una institución, entonces sus patrones no deben ser emocionales, sino institucionales

1- El propósito definido en la pajera hace que hagan lo que deben y no lo que quieren.

Sandra, quiero dirigir este primer punto a lo importante que es saber cuánto nos pueden afectar nuestras emociones y lo peligrosas que éstas pueden ser cuando no lo entendemos y trabajamos en ellas a través del raciocinio. Pero es también importante que el lector entienda que las emociones pueden ser cambiadas a través del ejercicio mental. Lo que quiero decir es que podemos llegar más lejos cuando ya en la mente sabemos lo que queremos producir.

2- La mente produce un estado mental y sin objetivos los resultados son desastrosos. Según Alex Day, la mente funciona así:

a) El estado mental afecta el estado emocional.

b) El estado emocional afecta la fisiología.

c) La fisiología afecta los hábitos.

d) Los hábitos afectan los resultados.

3- Las emociones son importantes, pero son cambiantes y el objetivo no.

En muchas ocasiones, las parejas no pueden ya ni mirarse a los ojos por tanto daños internos. Cuando voy a dar seminarios de parejas, les digo que se miren a los ojos. Algunos ante tan simple acto voltean los ojos como una vaca bizca o un oso enojado. **La razón es porque ya no pueden mirarse fijamente a los ojos o retarse las miradas. En primer lugar,** están llenos de ofensas y resentimientos y **segundo** simplemente se acostumbraron a no mirarse con amor. **Es importante recordar que las acciones tienen más poder que las emociones.** Este principio es muy poderoso. Este principio es simple, pero es algo que los esposos olvidan rápidamente.

4- Como institución o como cualquier empresa hacer que un matrimonio funcione requiere ciertos ejercicios del deber.

Nadie echa una empresa hacia adelante sin hacer nada y sin aplicar los principios que requiere determinado oficio. **En toda organización del mundo hay principios que son generales, como: la visión, la planificación, los objetivos generales y específicos, las metas, el trabajo arduo, la determinación, la disciplina, el deseo, las decisiones que tomas, la dirección, la administración, la unidad, el buen ambiente en el personal, etc., pero la aplicación de determinados principios no será** igual en todos los casos, pues dependerá de la clasificación de la misma y la variante del oficio en cuestión.

5- La pareja solo podrá estar junta si logra la unidad.

Entiendo que se le llama unidad a la aplicación de los principios básicos y necesarios. La unidad no es un simple concepto mental, aunque comienza en el mismo. La unidad se efectúa cuando hay acuerdos y para haber acuerdos tienen que haber diálogo y concepciones.

Por otro lado, la pareja no logra la unidad porque se casan para luego de casados comenzar a tomar cursos y charlas matrimoniales. Yo soy de los que cree que las charlas matrimoniales pueden ayudar más a los solteros que a los casados. Si no conoce lo que va hacer, no sabrá cómo tomar las decisiones correctas y terminará con malos resultados. Cuando una pareja tiene el principio de dirección clara, este mismo hecho hará que éstos permanezcan mejorando en medio de los conflictos. La gente está dispuesta a hacer el esfuerzo de mejorar siempre y cuando tenga las razones correctas para hacerlo. Un propósito definido es clave para la pareja pueda lograr la unidad: **¿Por qué?**

a) Porque le permitirá actuar por encima de las emociones del momento.

b) Le permitirá estar juntos en momentos de crisis.

c) Le permitirá estar unidos en lo que sienten, hacen y obtienen.

6- Una identidad clara de quien eres y representas da como resultado la unidad.

Wilson, gracias por tan magnifica explicación. Ya hemos dicho anteriormente que el matrimonio es una institución divina y es el causante de la formación de una buena o mala sociedad. Algo que tenemos que estar claro es que toda sociedad moderna y **antigua se formaron con pequeños núcleos llamados matrimonio que, luego se convirtieron en entidades más grandes, la familia, luego los clanes y estos posteriormente evolucionaron en pueblo, sociedades y civilizaciones**. Aquellos que formaron familia con ciertas creencias de que llegarían a gobernar el mundo, se fortalecieron y formaron las civilizaciones de renombres y que permanecen hasta hoy. Un ejemplo claro es el de los judíos, éstos existen hasta hoy porque tienen la creencia de que un hombre llamado Abraham dejó su tierra, su parentela, para seguir el llamado de Dios quien lo había elegido para crear una gran nación. Este hombre, bajo esta creencia, tomó a su esposa y a sus pertenencias dejando todo lo conocido atrás con la finalidad de encontrar los territorios los cuales esta nación iba a desarrollarse.

Conocemos hombres y mujeres de grandes nombres como Darío, Ciro, Nabucodonosor, Artajerjes, Hammurabi, Ramsés, Julio Cesar, Salomón, David, Cleopatra, Constantino, Alejandro Magno, Luis X, Cristóbal Colón, etc. Éstos sobresalieron y todo lo hicieron porque tenían la firme convicción de que existían para ellos algo grande. También sobresalieron civilizaciones tales como los egipcios, los medo-persas, los babilonios, los griegos, los ingleses, los franceses, los romanos, los mongoles, los chinos, los japoneses y otras que hasta hoy permanecen.

Para que el matrimonio funcione correctamente, los esposos necesitan tener las mismas creencias que estas civilizaciones tuvieron. La creencia es que están juntos para cosas grandes en este mundo. Esto haría que esa unión matrimonial deje de ser algo común y se convierta en algo extraordinario. **Una de las razones del porqué muchos matrimonios fracasan es la falta de un propósito definido y una visión a largo plazo. La pareja comienza a ver los problemas presentes, la pocas razones para permanecer unidos. Es aquí cuando comienza la decepción matrimonial a lo que muchos llaman incompatibilidad de caracteres.**

Lo que los psicólogos llaman incompatibilidad de carácter, nosotros le llamamos incompatibilidad de propósito.

Esto haría que esa unión matrimonial deje de ser algo común y se convierta en algo extraordinario.

Este punto sobre el propósito en cuanto a la unidad matrimonial es muy importante pues los parámetros de lo que es bueno o malo, importante o no importante, podría ser diferentes para dos personas con la educación, la sociedad, la crianza, y el ambiente en el que se hayan desarrollado. Muchos dicen que las personas deben casarse con alguien del mismo país y cultura porque tienen gustos y costumbre similares, aunque yo no digo que esto no ayudaría, pienso que lo más importante en la formación de un matrimonio no es el pasado (cultura, crianza, y ambiente en el que se desarrolla), sino el presente, la educación, la intención, la actitud y los acuerdos que generen en esa unión. Para esto deben buscar un propósito y una razón del porqué están unidos y en este punto no estoy hablando solo de conocer algo, sino de ser alguien. **Wilson, perdona la interrupción, ahora puedes seguir con los principios que nos estaba enseñando.**

Lo que los psicólogos llaman incompatibilidad de carácter, nosotros le llamamos incompatibilidad de propósito.

7- La verdad. La verdad requiere de un conocimiento correcto y una influencia correcta.

Sandra, este principio es muy importante, pues decir la verdad es más que hablar algo, ¡es vivirlo! Una vez alguien me llamó para contarme de un curso matrimonial que había recibido y que quería que yo asistiera. La primera pregunta que le hice fue: "Y el conferencista ¿está casado?". A lo que él me respondió: "Estuvo casado, pero por falta de compatibilidad con la esposa se divorció". Aunque no me gusta descalificar a las personas por sus experiencias, ya que nadie es perfecto, lo que pienso sobre el conferencista es que debió volverse a casar y dejar que le fuera bien para ponerse a dar los seminarios. Le dije a mi amigo: "De lo único que puede hablar una persona divorciada es de cómo fracasar en el matrimonio". Esto es verdad, mas, sin embargo, la mala noticia es que muchos de los grandes psicólogos, psiquiatras y consejeros que han puesto los fundamentos sociales sobre cómo llevar un buen matrimonio, tuvieron muchas dificultades en el suyo o terminaron divorciados.

De lo único que puede hablar una persona divorciada es de cómo fracasar en el matrimonio.

Cuando ministraba iglesias en una gran organización invitamos a un amigo para que nos diera una conferencia sobre familia, pero no aceptó la invitación y me dijo: "Wilson, pídeme darte una conferencia de cualquier cosa, y yo te la doy, pero no del matrimonio, porque cuando una persona comienza hablar del matrimonio viene el diablo a fastidiarlo y termina divorciado, si no me crees comienza analizar la vida de los que tienen doctorado en el área y que han escrito los mejores libros". Esto me lo dijo haciendo referencia a los mejores escritores, conferencistas y conocidos de la radio en nuestra organización, pero que llevaban varios divorcios.

La teoría de mi amigo de que el diablo viene y ataca los matrimonio es hasta un poco chistosa, pero es posible que él estuviera pensando en los malos ejemplos de muchos doctores en Consejería matrimonial que conocíamos. **El problema de los consejeros familiares es el mismo de todos, queremos tratar el matrimonio como una institución con patrones personalizados y no como una empresa organizacional. Me acuerdo que cada vez que tú y yo (o sea, Sandra y yo)**

íbamos a escuchar unos de estos consejeros, terminábamos con muchos sentimientos de culpa. ¿Te acuerdas la vez que fuimos a *Tranquility New Jersey* y había con nosotros una pareja amiga que terminaron peleándose y reclamándose? La razón era porque los consejeros dieron las pautas desde la A hasta la Z de cómo deberíamos ser en nuestro matrimonio y de lo que era un buen esposo y una buena esposa.

El problema de los consejeros familiares es el mismo de todos, queremos tratar el matrimonio como una institución con patrones personalizados y no como una empresa organizacional.

En este mundo de perfeccionismo, todas las charlas se basaban en cómo ellos eran y trataban a la pareja, y créanme que en estas disertaciones no había imperfecciones en ellos ni en sus hijos. Eran tan correctos que nos producían impotencia y ésta la desbordábamos en nosotros o en los hijos.

8- Nadie me dará nada que ya no poseo; eso incluye la felicidad.

Jesús mismo dijo que solo al que tiene se le dará más. Es más, dijo que se le quitará al que tiene poco, lo poco que tiene y se le dará al que tiene más. Este principio se aplica en el matrimonio a la pareja en su búsqueda de la felicidad. **La felicidad no es algo que me puede dar alguien, es un sentimiento que me pertenece.** Me caso con el conocimiento de que nada de lo que haga esa otra persona me hará feliz, si no soy feliz. Y que solo recibiré felicidad de mi pareja, si ya la poseo. Siempre tendré más de lo mismo.

La felicidad no es algo que me puede dar alguien, es un sentimiento que me pertenece.

Sandra, el punto principal aquí es que lo que hace otra persona no tiene nada que ver conmigo, pues son sus acciones y yo no la controlo. La creencia de que yo estoy casado para hacer feliz a mi pareja la considero incorrecta. **Cuando vienes al matrimonio para hacer feliz a alguien, esto te quita la oportunidad se ser feliz tú mismo. Oye lo que digo "de ser feliz tú mismo" y no de que te hagan feliz a ti.** En mi manera de verlo, la información correcta sería que el matrimonio es una institución formada para crecer como persona y cumplir un propósito divino. Míralo de esta manera y veras la diferencia. Un ejemplo de lo que quiero decir es que en las empresas no tienen buenos resultados por tener trabajadores perfectos o porque la empresa carece de retos. Los empresarios son felices cuando ven su empresa crecer, sus objetivos cumplirse y saben que se están convirtiendo en mejores personas. También cuando ven que al pasar el tiempo la han llevado desde el punto cero hasta el punto 6,7, 8, etc. La gente no es feliz en algo porque no tiene reto, o es imperfecto, sino porque no tiene propósito.

Wilson, a ver si te entiendo lo que me estás diciendo. Lo que dices es que "cuando tú entras al matrimonio para ser feliz o para que alguien te haga feliz, comienzas a buscar la felicidad en el lugar equivocado".

Exactamente, esto lo digo porque todas las cualidades del carácter como la perfección, la felicidad, el amor, la paz, la tranquilidad son para el individuo que la posee, y buscarlo en otra persona es una ilusión de la mente. Muchos quieren tener un ambiente perfecto en vez de desarrollar una actitud que le haga más excelente, más generoso, más comprensivo, más humilde, más tolerante. Quieren tener un ambiente donde no falte nada, en vez de crear un ambiente de generar mucho. El matrimonio nunca será un estado que te hará feliz, sino un ambiente donde te apoyará para ser una mejor persona. Cuando trabajas en ser mejor, ese "ser" más excelente te hará más feliz y satisfecho. Hay mujeres buscando un hombre con dinero, para lograr la felicidad, por eso, nunca la encuentran. Hay hombres que la están buscando en la fama, en las cualidades perfecta de una mujer. Quieren una mujer que no pelee, que no responda, pero luego se aburren de que sea tan callada. **La gente quiere que su pareja sea perfecta. Cada**

cualidad que tú escribes en un papel sobre lo que te gustaría de tu pareja para ser feliz es una decepción más que tendrás, porque esas cualidades solo las puedes buscar en tu interior y no en alguien más.

Quieren tener un ambiente donde no falte nada, en vez de crear un ambiente de generar mucho.

9- La planificación.

Las parejas deben sentarse y analizar cómo van a crecer en todos los ámbitos, cómo serán más productivos, cómo ayudarán a más personas, cómo le darán a la sociedad mejores hijos, cómo fortalecerán sus puntos fuertes y mejorarán los débiles y cómo pueden llegar del punto cero al diez. Es posible que en el camino se queden en algún nivel que no sea el diez, pero serán felices porque están creciendo juntos. **Ahora son felices porque tienen metas comunes y halando para el mismo lugar.** Haciéndose la vida más llevadera y ligerea en vez de imponerse más cargas.

10-   Juntos en propósito y en visión.

La felicidad matrimonial nada tiene que ver con la perfección, sino con la unión. Aunque hacer feliz a alguien no es algo posible, estar juntos **en amor, en alma, pensamiento, visión, misión, en propósito, en ser y hacer, en entendimiento, en palabra y en conocimiento** esto sí es posible, ya que las empresas, iglesias y organizaciones exitosas lo hacen.

Wilson, contéstame por favor a ver si entiendo bien, ya que lo que tú dices no es un concepto muy común. La pregunta sería: ¿La pareja no encuentra la felicidad porque le dé a su cónyuge el cielo en la tierra, le dé buenos y caros objetos, o porque sea atento con ella o tenga ciertos detalles. La pareja solo puede encontrar la felicidad si ambos se ponen de acuerdo, trabajan juntos, crecen juntos, ¿analizan sus gustos juntos y buscan sus prioridades y entienden el propósito del porqué se casaron.?

La felicidad matrimonial nada tiene que ver con la perfección, sino con la unión.

Así es Sandra, porque es un acto interno y no externo. La otra razón por la que a través de "hacer" la pareja no encuentra la felicidad, es porque los actos nunca satisfacen más que por un momento. También en un momento de crisis los actos podrían faltar o podrían ser insuficientes para el otro. No estoy diciendo que lo actos no son importantes, porque lo son, pero no son la clave para que un matrimonio funcione.

11-   En mi matrimonio somos dos.

El matrimonio es la unión de dos personas con un objetivo en común. Toda tercera persona está excluida de la vida matrimonial y eso incluye los hijos, los suegros, socios, los ministros, los consejeros y amigos. **Todos ellos pueden invitarse a ser parte de la vida matrimonial, pero no son el matrimonio**. Sé que este concepto no es muy ortodoxo, pero cuando un oficial del gobierno o un ministro hace una boda esto es lo que dice: "**Lo que Dios juntó, no lo separe el hombre**". Si el hombre no lo puede separar, tampoco lo puede juntar o le puede poner las reglas a seguir. Ésta es la razón por la que escribimos el capítulo anterior, titulado: "El matrimonio, una institución divina⬚. Muchos matrimonios se van a la deriva porque dejan que otros le digan y le den las reglas de comportamiento, pero no es posible vivir una buena vida siguiendo la vida de otros. **Ustedes son seres pensantes y no necesitan que nadie piense por ustedes.** No estoy negando que aprender pautas, escuchar consejos, ir a un seminario, leer libros, tener una guía espiritual e ir a retiros no nos ayuden como punto de soporte y apoyo, pero cuando queremos traer todos esos consejos para hacer un decálogo de ley y reglas que deberíamos como parejas vivir, se convierten en un infierno. El matrimonio es la unión entre el hombre, la mujer y Dios.

Por otro lado, cuando uno de los dos, el hombre o la mujer, consideran buscar algo o alguien en lo que su pareja no está de acuerdo o involucrado, ha comenzado a correr una carrera que al final **le traerá división, desamor, engaños, infortunio, decepciones, insatisfacción, pleitos, exigencia, mentiras, celos, etc**. "Porque no pueden andar dos juntos si no están de acuerdo"; los dos que deberían siempre estar juntos y de acuerdo son los esposos. Es a la unión de la mente en todos estos tópicos y dimensiones que nosotros llamamos una "sola carne". **Yo no estoy diciendo que cuando alguno de los dos en la pareja tenga una buena idea, no avance por causa de que el otro no está de acuerdo. Lo que estoy tratando de decirles es que, si no se ponen de acuerdo, no permanecerán juntos.** Mi consejo es que cuando tu pareja quiera hacer algo bueno y tú no lo entiendes, no te opongas, apoya y dale lugar a que te demuestre con hechos la verdad de su idea y unidos así siempre serán una sola carne.

Capítulo VI

De lo bueno a lo excelente

Wilson, ¿te acuerdas de lo que yo siempre te decía?: **"Yo soy como el vino, mientras más vieja, más buena".** La verdad es que me sonaba un poco arrogante al principio y aunque solo te lo decía en la privacidad de nuestro lecho, he estado declarando **el principio** más importante en el cual debe estar fundada la relación sin límites y es este mismo principio que desarrollaremos ahora como base en este capítulo.

De verdad que esta frase me impresiona porque sin saber estaba declarando un principio que va en contra de la corriente de lo que cree la mayoría. Las personas piensan que todo va en decadencia con el tiempo y eso lo aplican también al matrimonio. Ahora bien, mi pregunta para comenzar este nuevo capítulo sería:

La Biblia narra una historia sobre unas bodas en Caná de Galilea, en donde invitaron a Jesús y a los discípulos. **El relato dice que se terminó el vino** y la madre de Jesús se le acercó a su hijo, el cual parecía no enterado de la situación y le explicó lo que estaba sucediendo en las bodas. Jesús, a pesar de verla tan preocupada, le respondió que él no podía hacer nada, pues no había llegado su tiempo de hacer milagros. La madre no hizo caso a sus explicaciones y prosiguió con los planes que ella tenía de bendecir y apoyar a los novios (esto lo entiendo pues si hubiera sido mi madre habría hecho lo mismo). Las madres siempre creen que sus hijos son las soluciones para todos y que ellas deben decidir a quién deberían éstos amar y apoyar.

En fin, la virgen María, sin pedir permiso a Jesús, y optando por la autoridad de madre que tenía sobre su hijo, les dijo a los sirvientes y al maestresala encargado de las bodas, que Jesús obraría en favor de los novios y también le explicó que para eso necesitaban creer y hacer todo lo que Él le dijera. Hacer lo que Jesús dice es más que tomar una Biblia y ponerla debajo del brazo como muchos creen, tampoco es ir cada fin de semana a una congregación. Es seguir principios básicos y prácticos que te darán vida, crecimiento y felicidad en todo lo que hagas.

Jesús complació a su madre e hizo un milagro **convirtiendo el agua en vino** y los **maestresalas y los que estaban en la boda se quedaron asombrados,** pues al probar el vino se dieron cuenta de que el vino de Jesús era mejor que el primer vino que se había servido, **aunque en las bodas de ese tiempo se hacía lo contrario, pues servían el mejor vino primero. En las bodas de Caná se sirvió el mejor vino al último.** Así es en el matrimonio donde el porqué de su unión es el amor de Dios y donde los principios divinos son el fundamento, es en este matrimonio donde lo postrero es mejor que lo primero.

> *Hacer lo que Jesús dice es más que tomar una Biblia y ponerla debajo del brazo como muchos creen, tampoco es ir cada fin de semana a una congregación. Es seguir principios básicos y prácticos que te darán vida, crecimiento y felicidad en todo lo que hagas.*

El vino que nunca debe faltar

El relato dice que estando Jesús en las bodas se terminó el vino y que Jesús hizo un vino el cual era superior al anterior.

Wilson, debido a que tú estudiaste teología en la universidad, ¿podrías dar una explicación más teológica de la palabra vino? **Gracias, Sandra, por darme la oportunidad de colaborar en un tema tan hermoso e importante.** La palabra vino en el mundo teológico tiene dos significados: "Conocimiento y Espíritu de Dios".

1) **Conocimiento.** Este conocimiento se aplica a las creencias y a los conceptos que están en nuestra mente y que deben ser renovados siempre.

2) **Espíritu de Dios.** Es el poder de Dios que está dentro del hombre que le da amor, paz, esperanza, visión, firmeza, fe y entusiasmo al hombre.

Wau, yo no sé si a otros lectores le pase lo mismo que a mí, pero a pesar que leo constantemente la Biblia, no había visto estos textos con un significado tan profundo e importante. Wilson, ¿podrías hablarme un poco más sobre el tema por favor?

Claro que puedo, hablemos primero sobre el vino como un concepto o un patrón de creencias. Bueno, ya que me empujaste a entrar en el mundo teológico, quisiera seguir en éste por un momento y pedirle al lector que me tolere un poco. Este concepto fue visto por primera vez tan claro cuando Jesús le quiso mostrar sus nuevos conocimiento y creencias a los fariseos y saduceos, los cuales eran los religiosos del entonces, éstos se resistieron a aceptar cualquier otro conocimiento que no estuviera reafirmando lo que ya ellos conocían. Jesús, al ver la resistencia de ellos, les dijo: "Y nadie echa vino nuevo en odres viejos, porque entonces el vino romperá el odre, y se pierde el vino y los odres; sino que se echa vino nuevo en odres nuevos". **El vino aquí es el conocimiento y el odre representa la mente.** Muchas parejas no se tratan adecuadamente por falta de entendimiento o ignorancia. Éstos **tienen buenas intenciones, pero como nunca invierten en un seminario, un libro, un audio, en un curso sobre el matrimonio, con el tiempo comienzan a ir en decadencia en vez de crecer.** Cuando el matrimonio no crece, nadie en la pareja crece. Y si alguno de los dos tiene un crecimiento económico sin un crecimiento matrimonial, lo que hace se destruirá o el matrimonio lo hará. Cambiar nuestras viejas creencias y estar dispuestos a aceptar que éstas pueden estar equivocadas es símbolo de una mente nueva. Esto es lo que realmente representa estar vivo.

Cuando el matrimonio no crece, nadie en la pareja crece.

Lo segundo que quiero abarcar es el concepto de que el vino también representa en la Biblia el Espíritu de Dios. En otra ocasión, Jesús hablaba de diez vírgenes que esperaban al esposo, pero cerca de comenzar las bodas a cinco de ellas se le acabó el aceite. En esta ocasión el aceite representa el Espíritu de Dios y lo que el relato quiere decir es que cuando las novias perdieron el aceite, quedaron carentes de amor, simpatía, insensibilidad y pasión. No puede haber un buen matrimonio sin estas cualidades y esa fue la razón por la que cinco de estas diez novias no pudieron casarse.

Wilson, —expresa Sandra—, no veo que tiene que ver esta historia de las vírgenes con el vino, pues aquí habla del aceite y no del vino.

Sí, entiendo y es verdad, solo puse esta otra historia porque habla de bodas y porque se refiere a un ingrediente común como el aceite para hablar de algo más importante: el Espíritu Santo; y con la representación de éste también está hablando de las demás cualidades que ya dije que les faltaban a las novias y por la cuales no pudieron hacer las bodas. **En segundo lugar, hice la comparación porque en las dos historias hay un ingrediente importante que se termina.** El vino también representa en muchas ocasiones lo mismo que el aceite. En el pentecostés los discípulos fueron confundidos y le llamaron bebedores de vino y según el relato era que estaban llenos del Espíritu santo. También el apóstol Pablo dijo a los creyentes que en vez de embriagarse con vino, lo hicieran con el Espíritu Santo.

Bajo la base de los que representa el vino en el mundo Teológico, quiero poner los fundamentos de un Matrimonio Sin Límites. Y quiero hacer una aplicación al relato de las bodas de Caná para decir que hay en cada boda moderna tinajas que pueden estar llenas de vino, o de agua, o simplemente pueden quedar vacías con el paso del tiempo.

Muy bueno, Wilson, y también quiero agregar sobre esto la idea de que Dios se manifiesta en cada ser humano con cosas prácticas como: **"Amor, gozo, paz, paciencia, benignidad, bondad, fe, mansedumbre, templanza y confianza". El milagro del vino en las bodas significa más que una simple bebida. Este vino nuevo en la boda significa: la sexualidad, el dinero, el amor, la apreciación, la aceptación, la comunicación, la espiritualidad, la planificación y la dirección.** A estos aspectos importantes que he mencionado es que le podemos llamar "el mejor vino y el que llena las tinajas del matrimonio".

Wau, qué hermoso; pero, Sandra, mira este concepto a ver si te gusta igual que a mí: En las bodas de Caná había tinajas llenas de agua porque se había terminado el vino. **A falta del vino, lo restante es el agua ¿cierto?** "Bueno, eso fue lo que leímos en la historia", expresa Sandra con interés. "Exacto", mientras más agua en el mundo Teológico significa "muchedumbre, vanidad, poder y confusión" y en este contexto matrimonial representaría todo lo que es fugaz y pasajero. **Muchos expertos dicen que el sentimiento romántico solo dura los dos primeros años después de la boda.** Es en este periodo de tiempo cuando la pareja quiere tener sexo tres o cuatro veces al día y cuando solo piensan en cómo saciarse las ganas del uno y el otro. Pero en muchos estas pasiones e intereses van desapareciendo y la **"Luna de Miel"** se convierte en **"Luna de Hiel". Como ya dijiste, el buen vino les permite seguir juntos cuando ya no hay tanta atracción física y cuando la pareja enfrenta múltiples obstáculos.**

Darle valor a lo que permanece y no a lo que perece

Wilson, debido a tus aplicaciones anteriores y a mi identificación como una mujer posmatrimonio, pienso que mantener un acuerdo marital en el uso del vino que representa cada una de estas cualidades que se simbolizaron en tinajas es vital, pues son áreas que debemos trabajar y esto ayudará a que la pareja crezca junta. Lo que pude captar del relato de las bodas de Caná es que no tiene que ser así. Que los matrimonios de cierta experiencia no tienen que conformarse con tinajas de agua o vacías, ya que el agua en este relato representa lo común y sin valor. Si vas a la historia te darás cuenta de que el agua en ese entonces no era vendida. Era un suministro gratuito. El agua en el matrimonio representa cosas que en si son importantes, pero no imprescindibles para seguir, pues no es lo más valioso. Hay cosas que son importantes, pero menos valiosas que otras.

Claro, Sandra, tienes razón, así mismo es; ahora bien, te quiero hacer una pregunta a ver si estamos en la misma página sobre este tema. ¿Cuándo sabemos que en el matrimonio se terminó el vino?

La respuesta a esa pregunta es seria: "Cuando no le damos valor a lo que permanece y le comenzamos a dar prioridad a lo fugaz. Nada ocurre en la vida que ya no hayamos sembrados antes. Un ejemplo es cuando la pareja se divorcia. El divorcio fue lo último. Se casaron felices, pero a través de los **días estaban tan ocupados en suplir para ellos y sus hijos, que se olvidan del amor, el compartir, el relajarse, el darse tiempo de calidad, descansar, en vacacionar, en acordarse de los detalles pequeños y en invertir el uno para el otro.**

Nada ocurre en la vida que ya no hayamos sembrados antes.

Muchos van tan rápido que se olvidan de un "gracias", un "por favor", un "te necesito", un "qué importante eres para mí". Están tan ofuscados en sí mismos, que se olvidan de apreciar lo del otro. Están tan pendientes en comunicarse, que se olvidan de escuchar. Quieren tanto ver resuelto sus problemas, que se olvidan de servir. Están tan ocupados en dar, que se olvidan de recibir y están ocupados de recibir, que se olvidan de dar. El matrimonio nada tiene que ver con cuánto tú creces, si no en cuánto crecen. No es cuán bien me va, sino cuán bien nos va. No es qué feliz soy, sino qué feliz somos.

Las tinajas se llenan cántaro a cántaro

Me gusta mucho ese concepto y lo que significa es que nada se pierde o se consigue en un día. Un hombre no pierde su esposa, o viceversa, cuando toma las maletas y se va de la casa, sino cuando deja de trabajar en los pequeños detalles. Una pequeña sonrisa, una palabra suave, un gracias, un por favor, un te quiero, te amo, estoy orgullosa(o) de ti, estoy feliz de ser tu esposa(o), el día que te conocí fue el mejor de mi vida, etc. Estas pequeñas cosas son la clave para grandes cosas.

Cuando olvidamos sembrar buenas semillas en el jardín del matrimonio comenzamos a tratarlo como un deber y un pacto donde el hombre y la mujer tienen obligaciones y nada más. Pero este concepto equivocado olvida que el matrimonio debe ser administrado correctamente, con la finalidad de que las cosas buenas no se agoten o desaparezcan. **El matrimonio es la empresa donde se construyen las buenas acciones de la sociedad. No se encuentran hechas, ni se construyen en un día, sino día a día y con perseverancia.**

El vino de la visión

La visión es el conocimiento claro del futuro y cuya claridad nos impulsa a una vida mejor. Y el propósito es el fin de las cosas y el por qué hacemos lo que hacemos. Las personas no se separan por problemas de caracteres, sino por problemas de visión y propósito juntos. Donde no hay una visión, no hay un entendimiento y todo perece. Como en todo lo que hacemos, los novios antes de casarse deberían tener un conocimiento claro de lo que es el matrimonio para tener una vida mejor en vez de una vida más miserable. En las bodas de Caná los novios, como todas las demás parejas de la época, pensaban brindar al último el peor de los vinos.

Ellos, como todas las bodas, dejaban lo peor para el final. Cuando no hay visión pensamos que terminaremos como han terminado todos lo demás y comenzamos a pronunciar palabras en nuestra contra y decimos: **"Porque todos en mi familia terminaron divorciados, ningunos de mis ancestros tuvieron un matrimonio feliz, es que mis hijos podrían salir con los mismos problemas que sus tíos, conformémonos con esto porque al final nadie en la familia le ha ido mejor, es imposible que avancemos en este negocio porque el país está en sus peores momentos, es que a mí siempre me va mal, es que todos en la familia terminan con esa enfermedad".** Todas estas palabras salen de una persona que no logra tener visión propia y por esa razón piensa con lo común.

El vino de la planificación y dirección

Wilson, en las bodas de Caná faltó el vino. **Este detalle muestra una falta de planificación y dirección.** Basado en estas dos definiciones, el matrimonio debe ser planificado y como una ciencia éste debe ser estudiado. Ellos debieron tener pendiente los detalles, debieron planificar su vida y saber que no solo era importate tener en su boda invitados importantes como lo era Jesús, sino que también debían darle un buen servicio y una buena hospitalidad. Un matrimonio que no planifica su vida es víctima de muchas frustraciones y dolor en el futuro. He visto pareja tener que separarse, porque no son capaces de pagar las deudas que contrajeron juntos. Otros se separan para irse a otro país, pues según ellos de esta manera conseguirán un mejor futuro para su familia. La falta de planificación le roba a la pareja el disfrutar del mejor vino y la obliga a vivir una vida promedio como parte del montón, y servir el peor vino en vez del mejor al final de sus días.

Hemos conocido personas las cuales trabajan dieciocho horas diarias para tener una vida mejor. Nos han dicho: "Lo que hacemos es para nuestro futuro y para el futuro de nuestros hijos". Querer suplir dignamente a nuestros hijos está muy bien y los felicitamos si ese es el objetivo, pero cuando profundizamos un poco en sus vidas nos damos cuenta de que solo repiten como el papagayo frases que otros les dijeron. Esto lo decimos, porque cuando se les pregunta si como pareja se están dando tiempo, nos responden que luego cuando puedan o alcancen sus metas lo tendrán, cuando le preguntamos si están por lo menos tomando unas vacaciones al año, nos dicen que luego cuando tengamos más dinero, y cuando le preguntamos si toman tiempo para descansar, nos dicen que tienen muchas cosas que hacer ahora, pero en el futuro cuando tengan asistente personal lo harán.

La falta de planificación le roba a la pareja el disfrutar del mejor vino y la obliga a vivir una vida promedio como parte del montón, y servir el peor vino en vez del mejor al final de sus días.

Cuando les preguntamos si cuidan su salud, hacen ejercicios y comen alimentos sanos en su casa, la mayor parte del tiempo, nos dicen que no pueden llevar una rutina como esa pues les toca trabajar en exceso para tratar de tener una mejor vida. **Pero así no se construyen los sueños, ni se tiene una mejor vida, pues mayormente como familia solo hay uno involucrado y los sueños de un matrimonio se construyen con el acuerdo, el deseo, los planes, el amor, la visión, la pasión, la convicción, el trabajo y el entendimiento de todos los que forman el hogar.** Cuando uno de los componentes del matrimonio (esposo y esposa) no entiende lo que está pasando, todo se convierte en rencilla. Deben tratar de llegar a un entendimiento, deben tomarse tiempo para llevarlo y si se convierte en testarudez, deberían separarse. Como dicen las Escrituras: "Porque no pueden andar dos juntos si no están de acuerdo". Si lo hacen, se harán daño siempre. Por otro lado, es posible que uno de los dos en vez de ser feliz solo sea tolerante. Y ¿cómo logro una vida matrimonial donde el vino bueno nunca falte? Preguntan algunos. Y yo les contesto: **"El amor todo lo puede".**

El amor hará que los esposos no se divorcien o se amarguen en el proceso y terminen sus días felices y juntos.

Así es, Sandra, y esos esposos que están dispuestos a avanzar requieren de una planificación. Todo lo que necesita una pareja para disfrutar cada momento de su relación es planificar. **Hasta que tú no entiendes el poder de la planificación,** se hará difícil el avanzar como matrimonio. Si lo único que sabes es gritar como un niño pequeño cuando algo no te sale como tú no quieres o cuando tu pareja no está de acuerdo en algo, no construirás un matrimonio sin límites. Muchas personas no hacen actividades recreativas con su familia porque les falta dinero, tiempo, o tienen un sueño que realizar, sino porque les falta la planificación. Planifiquemos cada actividad de recreación y diversión. No estoy hablando de largas horas y de exagerado esfuerzo, no estoy hablando de largas vacaciones, estoy hablando de ser excelente con lo mejor que tenemos. Tú puedes alcanzar tus sueños y vivir a la vez.

Capítulo VII

Parte de las estadísticas

Wilson, tú eres testigo de que antes de casarnos te senté frente a mí para decirte lo que yo pienso del matrimonio. Me acuerdo que te dije: "Piensas bien lo que vas hacer, porque yo no me divorcio y no importa lo que me hagas en el futuro, yo no lo haré. Esto será para siempre, pues no seré parte de las estadísticas de otro divorcio".

Decíamos que en los tiempos de Jesús era costumbre servir primero el buen vino, podríamos decir que **ésas eran las estadísticas que salían en las noticias, en las redes del Internet y en los periódicos (esto es una comparación figurada),** pero en las bodas Jesús hizo lo contrario al hacer el milagro del buen vino al final. No hay razón para que los esposos de hoy vivan siendo parte de las estadísticas de divorcios que pronostican las redes de Internet, los noticieros y los parámetros sociales erróneos. Mientras veía un noticiero donde presentaban la boda de Marc Anthony y Jennifer López, los cuales eran una de las parejas del espectáculo, el cine y la música más destacados, **el presentador del noticiero le dijo al corresponsal:** "Yo les doy seis meses para que se divorcien. Y tú ¿qué tiempo le das de casado?". **A lo que el otro respondió**: "Yo seré más conservador que tú, les daré dos años". **Ambos se ríen a carcajada y el locutor le dice:** "Pero ellos dicen que son almas gemelas, el uno para el otro". **El corresponsal responde:** "Sí, pero eso es lo mismo que dicen todos y no duran más de dos años".

Es ésta la misma enseñanza sobre el matrimonio que tienen en las escuelas, los noticieros, la radio, los medios sociales, la televisión, las películas, las novelas, los Reality Show y la Psicología. Dicen: "La gente que se casa enamorada en algún momento se le irá la magia". **Cuando falta el vino del amor, la comprensión, la apreciación, el dinero, la comunicación, la sexualidad, etc.,** y cuando las malas estadísticas de los medios sociales se quieran cumplir en ti, recuerda que tú puedes hacer la diferencia y a diferencia de lo que todos piensan puedes reservar el mejor vino para el final.

Cómo pasar de lo común y lo ordinario a lo extraordinario

Sandra, ha sido muy buena tu intervención en este capítulo, pero en este tópico quiero también presentar mi opinión la cual pienso que le da continuidad a lo que estás diciendo. Yo pienso que una **pareja que se educa en cuanto al matrimonio, que va a seminarios para que le hablen como ser mejores, que compran libros, folletos, audios, que construyen todos sus planes juntos, invierten tiempo** en ellos mismos y dejan que el poder de Dios esté en medio de su matrimonio, prosperarán y crecerán sin límites (cuando hablo del poder de Dios, no estoy hablando de un poder sobrenatural y místico, sino de los frutos que reflejan su amor, paz, bondad, felicidad, alegría, paciencia, comprensión, visión definida, benignidad, confianza, mansedumbre, humildad, integridad, sinceridad, verdad, fe, esperanza, responsabilidad, servicio, disponibilidad, servicio, entrega, apertura, etc.). Los esposos que permiten que este vino siga alimentándolos, están trabajando para disfrutar y degustar el mejor vino en su tiempo postrero de relación; en vez de que al final de los días de su matrimonio sus tinajas estén solo con agua o, en el peor de los casos, estén vacías.

Siete señales que indican que se termina el vino

Muchas personas no logran mejorar porque siempre tratan con los síntomas de la enfermedad y no con la enfermedad misma. **Siempre es importante seguir las señales o los síntomas del cuerpo para conocer con qué enfermedad estamos tratando.** Pero los síntomas son el resultado de un mal interno y si queremos vencer el mal tenemos que tratar a éste y sus raíces. Cuando esperamos ver los síntomas para tratar una enfermedad, tenemos que usar métodos momentáneos y en la mayoría de los casos no eficientes, pues lo único que hacen es aliviarnos, pero no sanarnos. Un ejemplo es cuando las personas dicen: "Me tomé una Aspirina y se me fue la fiebre". El problema es que, aunque se fue la fiebre no necesariamente la infección, porque una fiebre es solo un síntoma. Debemos aprender a descubrir el mal en vez de tratar los síntomas.

Prevenir un mal futuro también nos ayuda a tratarlo antes de que sea mortal. **En mi manera de ver las cosas yo pienso que todo síntoma de un mal matrimonial sale por el dicho de nuestra boca.** O sea que mayormente se conoce en el nivel de comunicación y tolerancia de un compañero hacia al otro, porque todo lo que queremos saber de lo interno es reflejado en el dicho de nuestra boca (en lo externo). Nadie puede ver lo interior de alguien, pero si podemos estar conscientes de los dichos de nuestra boca (síntoma). Otra manera de ver los síntomas son las emociones que sentimos, esto es como un termómetro que nos permite descubrir males en las relaciones.

En mi manera de verlo, hay siete síntomas principales los cuales nos pueden servir como termómetro interno y externo para despertar nuestra conciencia endurecida y nos apoyan en percibir cuando las tinajas de la relación conyugal se están quedando vacías.

1) **Prejuzgar a tu cónyuge asumiendo cuáles serán sus respuestas.** En la mayoría de los casos, cuando una persona no está entusiasmada con

la otra considera la comunicación una pérdida de tiempo y recurso de energía, ésta es la razón por lo que prefiere asumir, ejercer un juicio previo y obviar las razones que la otra persona le pueda mostrar.

2) **Dedicar mucho tiempo a los hechos y poco a los sentimientos.** El implicado solo se fija en cómo su pareja debería comportarse y cómo debería ser o hacer, y no en qué está sintiendo y cómo podría mejorar esos sentimientos. En otra palabra, éste se enfoca en lo que puede obtener de su pareja y no en lo que puede aportarle.

3) **Ignora el significado real de las palabras que la otra persona usa,** debido a que ya no le importan los sentimientos o la felicidad de la otra persona. Éste se enfoca en cómo justificar sus propios sentimientos y razones, interpretando siempre desde su punto de vista y no desde la realidad de lo que el otro realmente quiere expresar.

4) **Dejar que los sentimientos bloquen la sensibilidad para con las necesidades de su cónyuge**. Esto es debido a que en esta etapa la pareja solo se concentra en el crecimiento individual, y no se fija en cómo agradar a su cónyuge y se hace insensible a las necesidades de su compañero de vida.

5) **Permitir que los intereses externos al matrimonio lo distraigan.** En muchas ocasiones la pareja o uno de los dos se envuelve tanto en sus propios planes, proyectos y deseos, que dejan de tener intereses en común. Se convierten en dos seres totalmente distintos,

desconocidos y desconectados. En esta etapa prefieren leer el periódico, la televisión o entretenerse en algunas otras cosas y así evitar estar juntos.

6) **Fingir, cuando se comunican, que estás escuchando o que estás interesado en lo que te dicen, cuando en realidad lo único que estás haciendo es esperando que la otra persona haga una pausa en su conversación para tú tomar el control.** En muchas ocasiones a las personas le interesa más tener la razón, que estar en armonía. En esta etapa se escuchan muchas frases como éstas: "Yo te lo dije, tú no debiste hacerlo de esa manera cuando ya tu sabías lo que yo opinaba al respecto, tú nunca vas a salir adelante especialmente porque siempre haces lo mismo, para que me pides consejo si vas a hacer lo mismo, eso que me estás diciendo lo hemos hablado como mil veces". O simplemente manipula la conversación haciendo que la otra persona se sienta culpable o herida.

7) **Irse por la tangente.** La finalidad es la de ignorar la situación o las responsabilidades conyugales. Muchos prefieren hacerse los desentendidos, otros pretenden no estar interesados, otros prefieren dejar que uno de los dos se responsabilice de todo. La finalidad de esto es no enfrentar la verdadera situación. Este comportamiento hace que uno se cargue con todo lo que sucede en el hogar mientras el otro se vuelve irresponsable, insensible, contradictorio, exigente e indiferente.

Concluimos diciendo que las tinajas deben estar llenas de vino y no de agua. El agua son las acciones y sentimientos que carecen de valor, y el vino es lo que en verdad tiene valor y es perdurable, es lo que mejora con el tiempo. Es necesario tener las tinajas llenas de vino para tener un matrimonio sin límites. Las tinajas que deben estar llenas son: **la sexualidad, el dinero, el amor, la apreciación, la aceptación, la comunicación, la dirección, el propósito, la planificación y la espiritualidad.**

También estamos de acuerdo en que un matrimonio no puedes enfrentar sus retos de manera exitosa mientras no aceptes que no puedes cambiar el hecho de estar casado y que esto conlleva ciertas responsabilidades extras con respecto a la soltería. No se puede volver al pasado para elegir casarse con otra persona y debes aceptar a la que tienes de todo corazón. **Cuando alguien casado acepta ese compromiso, se sentará con su cónyuge a buscar posibles soluciones a todos los retos que estén enfrentando, encontrarán un propósito y construirán un matrimonio mejor.**

Es importante aceptar el hecho de que estar casados no es suficiente, sino que hay que trabajar en la felicidad de ambos, muchos se creen que un genio saldrá de una botella y vendrá a solucionarles todo, pero se están mintiendo y están desperdiciando la vida. **El verdadero matrimonio se basa en la suma de muchos pequeños detalles que irán haciendo que la vida matrimonial sea más buena con el tiempo.** Jesús sirvió el mejor vino al final de la boda a diferencia de las tradiciones culturales de su época, que lo hacían siempre al principio. Entonces, como pareja deberíamos seguir el principio de escuchar a "Jesús en todo lo que él diga", pues es posible que él tenga algo nuevo y mejor, aunque todos pronostican lo contrario.

Las tendencias sociales en cuanto al matrimonio son las mismas de siempre. La gente se casa, pero no deja de alimentar sus malas creencias en cuanto al mismo y se repiten constantemente: "No casaremos y si no funciona nos divorciaremos"; "me caso, pero lo mío es mío y lo suyo es suyo"; "me caso, pero a mí que nadie me pida cuentas de mi vida"; "me caso, pero sigo pensando igual y viviendo con mis mismos malos hábitos"; "me caso, pero tienen que aceptarme con todas mis faltas, porque así soy yo".

Muchas de las personas mayores y con mucho tiempo de casados creen que sus cónyuges ya no importan en su relación romántica. **Un amigo nuestro que le hablamos de amar a su mujer, nos dijo:** "Sin esa mujer yo no puedo vivir, pero entiendan que cuando la pareja tiene tanto tiempo juntos el amor se trasformó en amor de hermanos". A este amigo le dijimos que su esposa no es su hermana, sigue siendo su esposa. **Otra pareja después de casi veinte años de casados nos dijeron:** "No somos compatibles y es mejor separarnos". En otra ocasión **un padre le decía a su hijo:** "Ten tantas experiencias sexuales como puedas antes del matrimonio hasta encontrar sexualmente a tu alma gemela". **Una esposa le expresaba a su esposo:** "Sí, no nos conviene estar juntos, total ni te conozco"; **y una dama con la que hablábamos nos dijo**: "El engañar a tu pareja es como ponerse dientes postizos (planchas, puentes), solo te molestan al principio y luego te acostumbras"; **y una muchacha de un matrimonio joven le decía a su esposo:** "Si me engañas, yo también tengo derecho a hacerlo también". Con esta mentalidad social y moderna, no se tendrá un mejor vino, sino uno peor.

Capítulo VIII

Los hombres son de Marte y las mujeres de Venus

Wilson, me gustaría que introduzcas este tema debido a que tu filosofía sobre el mismo no es nada común y se sale de todo parámetro que se enseñe tradicionalmente sobre cómo el hombre y la mujer piensan. A mí misma me costó mucho aceptar este pensamiento filosófico y me fue mucho más difícil aceptar que lo pusiéramos en este libro. Pero debido a tus argumentos y otros estudios adicionales que hice, pienso que tienes toda la razón, y estoy segura de que si tus argumentos sirvieron para mí, pasará lo mismo con nuestros amigos lectores.

Gracias, Sandra, y qué bueno que estemos de acuerdo sobre este tema, ya sabes que cuando tú y yo éramos novios nos dedicábamos a vender libros para el matrimonio y el crecimiento personal. En ese tiempo, presentando nuestros prospectos a las personas en Santiago, nos encontramos con muchos que habían comprado unos de los libros más vendidos de los años 90: "Los hombres son de Marte y las mujeres son de Venus", escrito por John Gray y que hablaba mucho de la diferencia entre el hombre y la mujer. Debido al fenómeno de que el libro era tan vendido y respectado entre la gente, me causó cierta curiosidad y quise leerlo. Esto me llevó a descubrir la razón por la cual el libro le gustaba tanto a la gente.

El libro no les atraía tanto a las personas porque es un buen material, aunque lo es, sino porque les reafirmaba lo que ellos creen sobre la diferencia entre el hombre y la mujer.

Al ser Marte un planeta del sistema solar sumamente caliente, el escritor del libro "Los hombres son de Marte y las mujeres de Venus", deja entender entre frases que el hombre es más sexual que la mujer. En mi libro "Mitos entre el hombre y la mujer", yo digo que este concepto es un mito, implantado por la sociedad y que no siempre es parte de la realidad. Ahora no quisiera exponer todos estos argumentos que anteriormente escribí, pero solo quiero resaltar el argumento de que si el hombre y la mujer estuvieran tan discordantes el uno con el otro, nunca tendrían la oportunidad para lograr la armonía matrimonial, ya que vuelvo a recalcar que el hombre y la mujer para poder entenderse y tener compatibilidad deben estar unidos, no dije fundidos; dije unidos. La unidad se basa en el entendimiento, dos personas que no se entienden y que no poseen las mismas pasiones y gustos, no pueden llegar muy lejos.

El segundo argumento que es que mayormente cuando hablamos de matrimonio estamos hablando de lo que la cultura nos ha enseñado como verdadero y que lamentablemente lo seguimos sin ningún cuestionamiento. Por otro lado, las mujeres debido a su discriminación y el abuso a la que fueron sometidas, desarrollaron creencias limitantes en cuanto a lo sexual y la expresión de sus emociones. Esto puede estar cambiando mucho, pero las mujeres se sienten más cómodas en que sea el hombre el que tome la iniciativa cuando se trata de expresar sus sentimientos románticos. Y si puedes observar este fenómeno, es más visible en el comportamiento impuesto por la religión y en culturas menos desarrolladas. En un análisis y estudio minucioso sobre el tema, me di cuenta de que estos patrones limitantes que tienen las mujeres sobre el sexo en su mayoría fueron impuestos por la sociedad, los padres, los educadores y la religión.

Cuando una psicóloga canadiense tituló un documento académico: "¿Son realmente diferentes los cerebros del hombre y de la mujer?", ella entendía que la respuesta a la pregunta era evidente por sí misma. **Sí, por supuesto**, era la respuesta automática. Estaría asombrada si el cerebro del hombre y la mujer no fueran diferentes dadas las enormes diferencias morfológicas (estructurales) y las a menudo hirientes diferencias de comportamiento entre hombres y mujeres. La mayoría de nosotros intuitivamente siente que los sexos son diferentes, pero esto se ha convertido universalmente en un secreto que se guarda con recelo y culpabilidad.

"Lo peor que se puede hacer es generalizar", asegura el experto en psiconeurobiología José Antonio Gil Verona, de la Universidad de Valladolid. Este investigador reconoce que los estudios estadísticos arrojan distintas habilidades intelectuales atendiendo al sexo, pero aclara que "la inteligencia global es la misma".

Hugo Liaño, jefe del Servicio de Neurología del Hospital Puerta de Hierro de Madrid, dijo: "Los cerebros masculinos y femeninos vienen preparados de manera distinta", pero "las diferencias en capacidades intelectuales son muy pequeñas y pueden ser vencidas por la cultura y el nivel de aprendizaje". Así, la diferencia esencial entre el cerebro del hombre y el de la mujer es que en el primero "cada zona está más especializada". Sin embargo, "hablar de ventajas o inconvenientes" entre un sexo y otro "es una tontería". Algunas de las supuestas diferencias han sido ya estudiadas científicamente y las han calificado más como patrones culturales y de creencias. Lo más claro sobre esto sería entonces que toda diferencia sexual entre ambos no es más que elecciones del proceso.

Porque tiene que ser así

Wilson, pero no te ha puesto a pensar que la cultura acepta como un hecho que los hombres y las mujeres son diferentes y lo expresa hasta en las conversaciones sexuales. Siempre nosotras las mujeres damos por sentado de que el hombre se estimula y se mantiene feliz en una relación por tener un buen sexo. Mientras que nosotras las mujeres buscamos otras cosas: "Como el afecto, el amor, la comprensión, la comunicación, la seguridad, etc.".

Exactamente, Sandra, es lo que quiero transmitir y qué bueno que salga de ti como mujer. Tú dijiste: "La cultura acepta como un hecho", pero no podemos olvidar que las culturas se basan en creencias populares y colectivas que no siempre están a favor de la verdad, sino de lo que a un grupo determinado le interesa que se sepa o crean. Y por años el hombre prefirió mantener las creencias de que la mujer era inferior a él en las cosas más estimulantes y placenteras como son "el liderazgo, la sexualidad, la administración y los compromisos de la sociedad". Si analizas bien, cuando una persona es considerada inferior en estos temas inmediatamente está siendo descalificada para tomar el control en ellos. Mira un caso de lo que digo: Una joven, la cual estaba recién casada, se quejaba de su esposo porque éste quería tener coito sexual cada vez que la veía. "No hay quien lo soporte", me dijo, "solo quiere estar sobre mí". A lo que yo le pregunté: "¿Qué es lo que te molesta en sí, las veces que él te pide tener sexo o que no lo haga como a ti te gusta?". Ella sonrió y me dijo: "Exactamente que no lo haga como a mí me gusta". Ella está esperando que él le haga sexo como le gusta en vez de ella pensar en hacer el sexo como le gusta.

Simon Baron dice que en "términos generales hay dos tipos de cerebros". Él cree que esto se debe a la exposición de diferentes niveles de hormonas en el vientre más que a la diferencia sexual. Por otro lado, Andrés Masa público en mayo del 2017 un artículo que afirmaba y presentaba las pruebas científicas donde el hombre y la mujer no tienen ninguna diferencia cerebral: "Si hubiera diferencias entre el cerebro de un hombre y una mujer habría desemejanzas genéricas entre la conducta, la cognición y la personalidad". El principal investigador de la Universidad de Edimburgo, Stuart Ritchie, dijo que después de algunos comentarios, hemos eliminados la discusión sobre el término dimorfismo sexual. Según Daphna Joel existe un cerebro de hombre y uno de mujer como concluyó en una investigación que publicó a finales del 2015 en la revista "Proceding of the Nacional Academy of Scienses". Para que esta diferencia fuera verdad debería de haber un alto nivel de dimorfismo y una gran consistencia interna en los rasgos definitorios, pero la comparación entre la materia blanca, la materia gris y las conexiones cerebrales de 1400 cerebros, concluyó que hay rasgos presentes en uno u otro, pero no hay una barrera nítida que separe uno del otro. Por suerte un nuevo estudio publicado en la revista científica "Neuroimagen", hecho por científico en la Universidad de Medicina y Ciencia, Rosalind Franlin, de Chicago, tomaron más de 70 estudio anteriores de más de 6000 personas alrededor del mundo y no encontraron ninguna el tamaño del Hipocampo de los hombres y las mujeres. Con esto concluyo en que la diferencia del hombre y la mujer es porque sus creencias, su crianza, lo que aprenden sobre el tema, y el ambiente en el que se desarrollaron influyen en esto.

Wilson, al poner estos ejemplos, me haces entender más el tema de los acuerdos entre los esposos para poder llegar a un entendimiento. Lo digo porque si profundizamos más sobre el tema del carácter y las personalidades, los seres humanos tienen muchas diferencias EL UNO CON EL OTRO, ni lo gemelos son iguales en carácter, y esto no está limitado a que sea hombre o mujer. Si es así, pensar en que un hombre y una mujer se entiendan sin un acuerdo previo de cuántos días a la semana y cómo van a tener intimidad, es imposible, que les gusta y que no, esto abarca también dejar nuestros tabúes y creencias limitantes a un lado para tener un mejor acuerdo con nuestra pareja.

Exacto, Sandra, **tener acuerdos que nos ayuden a crecer en temas tan delicados como la sexualidad, la comunicación, el manejo del tiempo y del dinero es vital para la buena comprensión marital.** ¿Qué implica esto? Todo comenzó cuando escuché a una pareja de profesionales dando una charla matrimonial y diciendo que los esposos deben aprender a ponerse de acuerdo y a negociar en estas áreas. Según ellos, éstos incluían no solo **de cómo gastar el dinero, sino también de cuántas veces a la semana podían tener sexo.** Cuando escuché este concepto con una mente colérica como la que tengo, di una reacción inmediata y me dije: "Esto es un disparate". Pero cuando llegué a la casa y te dije lo que pensaba sobre la charla que habíamos acabado de oír, me pusiste a reflexionar cuando me dijiste: "Bebo, yo creo que nosotros deberíamos tomar en cuenta lo que los charlistasconferencistas dijeron". Entonces entendí que en mi cabeza lo que ellos habían dicho era un disparate, pero no en la tuya.

Hay temas en lo que tú no estás de acuerdo y otros en lo que yo no lo estoy. Este desacuerdo no tiene nada que ver en que yo soy un hombre y tú una mujer, y viceversa, tampoco es algo que fue diseñado por Dios como muchos han dicho, es un hecho natural entre dos individuos y en otros casos la diferencia es cultural, psicológica, ética, religiosa y otras veces es una cuestión de ética moral errónea y de creencias limitantes.

De hecho, Wilson, si lo analizamos bien, la teología bíblica apoya esto debido a que fue después de entrar el mal a la humanidad que la mujer comenzó a creer que sus deseos serían para su marido y que él se enseñorearía de ella. Esto no fue un diseño, ni un mandato, esto fue un concepto que ellos adoptaron. En mi manera de verlo, esta degeneración mental fue aumentando hasta reflejarse en otros aspectos diferentes. **Entonces podemos afirmar que para que el hombre y la mujer encuentren unidad y satisfacción mutua, deben regenerar la mente** a un nuevo conocimiento.

Basado en mis estudios de teología, apoyo lo que dices. También por la experiencia que tengo tratando con personas, en cuanto al tema de quién es más sexual, el hombre o la mujer, sé que algunos hombres no son tan sexuales y viceversa. Algunas mujeres se le hace fácil tener sexo y algunos hombres igual. Las quejas nada tienen que ver con su género, sino con otras razones y motivos. Pero pensar que el hombre por naturaleza es más sexual que la mujer, o viceversa, es un concepto antiguo y ya no relevante. **¿Por qué lo digo?** Lo digo basados en diferentes razones, pero daré algunas razones de las que dio el escritor **John Gray en su libro titulado "Los hombres son de Marte y las mujeres de Venus",** en las cuales él basó sus argumentos para decir que los hombres y las mujeres no piensan iguales por su género.

Ejemplo de lo que le gusta y no le gusta a un hombre

Cuando él no se siente amado:

1. **Ella trata de mejorar el comportamiento del hombre o de ayudarlo, ofreciéndole consejos no solicitados.** 1. No se siente amado porque ella ya no confía en él.

2. **Trata de cambiar o controlar el comportamiento de su pareja compartiendo sus sentimientos negativos (es bueno compartir sentimientos, pero no cuando se intenta manipular o castigar).** 2. No se siente amado porque ella no lo acepta tal como es.

3. **No reconoce lo que él hace por ella, pero se queja de lo que no ha hecho.** 3. Siente que ella lo da todo por sentado y no se siente amado porque ella no aprecia lo que él hace.

4. **Corrige su comportamiento y le dice qué hacer como si él fuera un niño.** 4. No se siente amado porque no se siente admirado.

5. Expresa sus sentimientos de perturbación directamente con preguntas retóricas: "¿Cómo pudiste hacer eso?". 5.

No se siente amado porque piensa que le ha retirado su aprobación. Ya no se siente como el buen muchacho.

6. **Cuando él toma decisiones o iniciativas, ella lo corrige o lo critica.** 6. No se siente amado porque ella no lo alienta a hacer cosas por sí solo.

Éstas son algunas de las razones que aprendí de John N. Gray; por la que un hombre no se siente amado por una mujer.

A continuación, vamos a ver la lista de razones según este autor por la que una mujer no se siente amada por un hombre.

Lo que le gusta y no le gusta a una mujer

Ella no se siente amada:

1. **"Él no escucha, se distrae con facilidad, no hace preguntas que muestren interés o preocupación".** 1. Ella no se siente amada porque él no muestra atención o interés.

2. **Toma los sentimientos de la mujer en forma literal y la corrige. Piensa que ella está pidiendo soluciones, de manera que ofrece consejos.** 2. No se siente amada porque él no la entiende.

3. **Escucha, pero luego se enoja y le echa la culpa por perturbarlo o deprimirlo.** 3. No se siente amada porque él no respeta sus sentimientos.

4. **Minimiza la importancia de los sentimientos o necesidades de su pareja. Considera que los niños o el trabajo son más importantes.** 4. No se siente amada porque él no se dedica a ella y no la reverencia como algo especial.

5. **Cuando ella esta perturbada, el hombre explica porque él tiene la razón y por qué ella no debería sentirse perturbada.** 5. No se siente amada porque él no reafirma sus sentimientos, sino que, por el contrario, la hace sentir equivocada y sin apoyo.

6. **Después de escuchar, no dice nada o simplemente se aleja**. 6. Ella se siente insegura porque no obtiene la tranquilidad que necesita.

Cuando tú analizas bien estas diferentes razones por lo que un hombre y una mujer no se sienten amados, notarás que éstas podrían aplicarse en ambos sexos. Las mismas razones por la que una mujer no se siente amada, podrían ser las razones por la que un hombre tampoco lo haga. Por estas necesidades, el sexo va a depender mucho de la crianza, el temperamento, las creencias y la cultura.

Entiendo tu punto, Wilson, pero pienso que debido a que, para la gente, la idea de que el hombre y la mujer son tan diferentes, tantos aspectos es importante aclarar el porqué de estos comportamientos. Esto es importante ya que muchos matrimonios no funcionan, porque no ajustan sus perspectivas sobre las funciones, los deseos, el carácter, las responsabilidades, y los derechos y el papel que debería desempeñar el hombre y la mujer en el matrimonio y en la sociedad. El problema surge cuando el hombre y la mujer se unen con la mentalidad de la edad de piedra, me refiero a la mentalidad de que el hombre tiene la habilidad para ciertas cosas y trabajos, y la mujer es la mejor en la casa y con los oficios. También **la creencia antigua de que el hombre puede expresar sus deseos, emociones, sentimientos, afectos en la sexualidad; mientras que la mujer solo calla y deja que el hombre tome la iniciativa en todo lo sexual o sentimental.** Cuando se piensa de ese modo, se está en una perspectiva del matrimonio totalmente equivocada y limitada.

> *Por estas necesidades, el sexo va a depender mucho de la crianza, el temperamento, las creencias y la cultura.*

Sandra, ya veo que te gusta el tema de lo sexual y lo emocional. ¿Y a quién no...? Pero tienes razón. Cuando la mujer cree que el hombre tiene la responsabilidad de amarla, cuidarla, darle seguridad y protegerla; **y cuando el hombre** piensa que lo mejor que puede recibir de una mujer es el respecto y la admiración, sus perspectivas siguen limitadas y equivocadas. El hombre y la mujer fueron hechos a imagen de Dios, "varón y hembra los creó Dios". Esto muestra que los dos fueron hechos con las mismas capacidades de amar, de crecer, de sentir, de trabajar, de respectar, de honrar, de expresarse, de soñar, de adorar a Dios. Los dos tienen la habilidad de ser grandes políticos, médicos, agricultores, empresarios, constructores. Pero esas capacidades pueden ser desarrolladas o limitadas por las creencias y el ejercicio de las mismas.

Entonces concluyo aquí que el problema entre el hombre y la mujer es lo que ellos creen de sí mismos y las creencias, paradigmas, patrones y los hábitos que han desarrollado en sus mentes. "Los hombres son de Marte y las mujeres de Venus" es un concepto que se romperá con el pasar del tiempo, con el aumento de la tecnología, de la ciencia, la conciencia, la sociedad y el desarrollo de la mente.

Capítulo IX

Más conciencia es = a mejor matrimonio

Siempre escucho a muchas personas mayores decir que la civilización, el modernismo y la tecnología han dañado el mundo. Mi abuela era una de la que siempre me decía "esta generación de muchachos está perdida, hoy en día no hay respecto para nadie, los jóvenes cada día son más corruptos". Mas, sin embargo, mi abuelo cuando era joven y al principio de su matrimonio duraba tres meses fuera de la casa, bebiendo, bailando, teniendo intimidad con diferentes mujeres. A pesar de todo esto, él murió a su lado y nunca se separaron. Usted dirá: "Tú ves que había más valores en los tiempos de nuestros antepasados". Pero esa conducta no tuvo que ver nada con los valores, sino con la ignorancia de mi abuela. Ella no sabía que tenía más opciones y dejó de vivir su vida, para cuidar a sus hijos, a su esposo y por cumplir sus deberes religiosos (claro, luego mi abuelo se convirtió en un hombre de bien y de trabajo arduo).

Por otro lado, Wilson, muchos siguen viendo el matrimonio bajo el ojo del patrón social aprendido por sus padres y abuelos, que decían: "Hay que sacrificarse como pareja para mantenerse casado"; otra creencia muy común, pero equivocada es: "Mi matrimonio no es fácil, pero los hijos valen el sacrificio". **La verdad es que si lo único que el hombre y la mujer pueden darse entre sí es sacrificio; el matrimonio sería una cárcel, un infierno, una esclavitud o un calvario**, y de esa manera no vale la pena. El tiempo del sacrificio, la ignorancia, las diferencias sociales y raciales, los maltratos y la esclavitud pasaron, **ahora estamos en el tiempo de la información, del cuestionamiento, donde la realidad de hoy podría resultar una mentira mañana.** Hoy la mente navega libre por el conocimiento del universo, de la ciencia, la tecnología, la Internet, los libros y las universidades. Es el tiempo cuando un matrimonio no debe conformarse con sobrevivir o mal vivir, es el tiempo del bienestar. Por esa razón mantenerse en esa vieja creencia sobre algo tan puro y bueno es muy limitante.

> *Es el tiempo cuando un matrimonio no debe conformarse con sobrevivir o mal vivir, es el tiempo del bienestar.*

Lo que ves afecta lo que haces

Sandra, déjame que te diga, hace años leyendo un libro del autor Morris Venden leí la historia de una joven llamada Cristina, la cual se casó con Luis **(este nombre no es real).** Luis, a primera vista, era su príncipe azul, pero no pasó mucho tiempo cuando todo comenzó a cambiar para ella. **Ahora Luis no le parecía un hombre tan atractivo, gentil, ordenado, cuidadoso y romántico.** En muchas ocasiones dejaba algunas cosas tiradas, comía una mayor porción de lo que ella pudiera asimilar y en otras ocasiones, cansado del trabajo, él se dormía antes de ella llegar a la cama **(especialmente las noches en la que ella tenía más deseos de hacer el amor con su esposo).** Aunque muchas de estas situaciones incomodas no eran frecuentes al principio, Cristina comenzó a pelearle y a criticarlo. Le ardía el pecho por dentro al saber cómo ella había sido tan tonta y se había casado con un hombre tan distinto a ella. Muchas parejas pierden la atracción por su cónyuge cuando se les va la magia y la fantasía del cónyuge perfecto.

Pronto ella comenzó a no disfrutar de la intimidad sexual con su esposo, cuando éste llegaba a casa parecía que había llegado un ogro. Lo veía exigente, rudo, egoísta, grosero y sin afecto, y lleno de reglas que, según su manera de ver, no era más que un machista egoísta. Luego Llegó el tiempo que ella cocinaba los alimentos de mala gana y preparaba cualquier cosa para los niños bajo muchos pleitos y quejas. De su boca salía siempre una palabra de amargura y reproche. Cuando Luis quería decirle algo para que pudieran mejorar en un aspecto y en el otro, ella se enojaba y lo tomaba como pretexto para irse a divertir con las amigas. **"No soy una esclava"**, se decía **una y otra vez, "tengo derecho a ser feliz, a divertirme y no estoy obligada a soportar tan semejante humillaciones".**

Muchas parejas pierden la atracción por su cónyuge cuando se les va la magia y la fantasía del cónyuge perfecto.

Un día Cristina llegó tarde en la noche y se acercó a la cama en pies de puntillas para que el esposo y sus hijos no despertaran, se quitó la ropa, se metió lentamente en la cama y se propuso acostarse dándole la espalda a su marido. Entonces notó que el cuerpo de su esposo estaba descubierto. Debido al frío de la noche, se animó a cubrirlo, pero luego reaccionó y se dijo para sí: "Qué bueno que se quede descubierto, quizás esta noche se muera de frío, otros mejores que él están muertos". **Muchos matrimonios están tan dañados que piensan que estar al lado de la persona con la cual se casaron es un infierno.** Lo único que sienten es dolor, angustia, engaño, desilusión, abuso y mentiras.

Continuando con la historia, Cristina propuso dormirse, pero por alguna razón no lo hizo, y por el contrario se queda fijamente contemplando el hombre con el cual ella se casó. Mientras contempla a su esposo, se da cuenta de algo que nunca había notado. Su frente estaba arrugada por el sufrimiento y el cansancio, sus manos estaban marcadas del trabajo arduo de todos los días, los pies tenían cayos, y su pecho estaba hinchado por el cansancio del trabajo. **Después de haberlo contemplado por unos minutos, sus ojos se le llenaron de lágrimas y comenzó a gemir por el dolor de sus culpas,** en voz alta lloraba y pedía perdón por lo injusta que ella había sido al juzgar tan mal a su marido.

En medio de los sollozos de Cristina, Luis despierta exaltado: **"¿Qué te pasa? ¿Por qué lloras?",** le pregunta. Ella le explica todo lo que está sintiendo. Él, que esa noche se había acostado pensando que debía amonestar a su esposa por su reciente mal comportamiento, se olvida de todas esas emociones negativas y también le pide perdón. Ambos se abrazan y caen en la cama bajo el hechizo del amor y el perdón. **Éste es el poder de decisión que tienen el hombre y la mujer, el poder de ver lo que quieren ver y de ver lo que realmente desean que ocurra (esto es unir sus mentes en la imaginación correcta).**

Mientras la pareja siga pensando que el hombre y la mujer habitan en dos planetas diferentes, que se mueven en dos dimensiones distintas, no podrán comprenderse y amarse bien. **La mente tiene el poder de dejar que el hombre viva solo lo que concibe.** Entiendo que este concepto no es muy tradicional, pero el hombre y la mujer que quieren ser felices, deben verse a sí mismo como iguales y felices **(la desigualdad solo produce rechazo, reclamo y baja autoestima),** y la pareja debe aprender a mirar en la perspectiva correcta. La clave es: "Ve las cosas desde una perspectiva correcta y tendrás una vida correcta".

Cristina no podía ser feliz con Luis porque lo miraba desde lo que ella creía, quería, conocía, asimilaba y odiaba. No desde lo que él era, y todo lo bueno que hacía por ella y por su familia. Por otro lado, él pensaba que ella era una mala mujer, cuando comenzó también a ver lo que ella veía. La mente solo te dejará percibir lo que tú quieres ver. Cuando doy mis seminarios, les digo a las personas que me hablen de algunos colores existentes en el salón. Ellos, con el deseo de colaborar, mencionan los colores más usuales, pero luego comienzo a mencionarles colores menos usuales y que no habían visto, entonces, ellos también comienzan a visualizarlos. Aunque los colores estaban allí todo el tiempo, antes no los veían porque no lo tenían en su mente.

La mente solo te dejará percibir lo que tú quieres ver

Yo no creo que **el problema del matrimonio sea el feminismo o el machismo, el problema es el odio, el rencor, el abuso, la mentira, las decepciones y las falsas creencias que vienen a robarles y a matarles todo lo que es verdadero.** Yo creo y afirmo que Dios hizo el hombre y la mujer a su imagen, pero más tarde éstos se alejaron de esta verdad y comenzaron avanzar en un conocimiento equivocado, llamado "El Árbol del conocimiento del bien y el mal". La palabra árbol también significa generaciones, descendencia, genealogía. O sea, **el falso conocimiento que se adquirió allí de que "la mujer daría a luz con dolores, que el hombre se enseñorearía de ella y que sus deseos serían para él",** se multiplicó con el tiempo a través de sus descendientes, su genealogía y sus generaciones.

Estoy muy de acuerdo contigo, Wilson, pues el conocimiento falso de lo que es el hombre y la mujer, las falsas explicaciones de cuáles son sus funciones y las falsas creencias de su papel en el hogar, han hecho que generaciones se hayan levantado con un movimiento machista o feminista. **También se han levantado otros movimientos en contra o a favor de la homosexualidad, a favor o en contra del racismo.** Ningunos de estos movimientos existirían si el hombre y la mujer no hubieran torcido su entendimiento de lo que ellos representan en esta tierra. Pero la pregunta es: ¿En quién han influenciado estos movimientos en la propagación del mal? En la sociedad venidera. Anteriormente dijimos que los movimientos traen más problemas que soluciones, ya que éstos dan más de lo mismo.

Sandra, si te habrás dado cuenta, en mis declaraciones yo nunca dije que una voz que abogue por un derecho es innecesaria o dañina. **El problema y el desafío que enfrentan la mayoría de los movimientos es que se levantan de personas pisadas, burladas, maltratadas y esclavizadas, o que sufrieron de "Bullying" escolar, familiar y social.** Siendo esto así, los que levantan la voz en favor de los oprimidos como ellos no pueden dar más de lo que tienen y en su mayoría de los casos lo que ellos tienen es una falsa perspectiva, una falsa creencia y una falsa experiencia de la realidad, la cual traducen como verdad y se la trasmiten al mundo el cual se ve infectado por la mentira de alguien que tuvo buenas intenciones, pero sus heridas, su dolor, su frustración, su ira y su esclavitud no le permiten ver el mundo correctamente y lo comienzan a describir como ellos lo ven y no como realmente es (esto ha sido un golpe duro en el ámbito matrimonial). Pues, aunque muchas cosas que perciben los adultos de la sociedad no es verdad; sí tenemos que admitir que hoy hay más divorcios que antes, y la mayoría de esto es por incompatibilidad de carácter (O sea, por nada).

Los expertos aseguran que una mujer abusada describe a un hombre como ella lo percibe (un abusador) y no como realmente es (a esto se le llama falsos paradigmas). Pero lo malo es que **si seguimos actuando por las reacciones de lo que me ha sucedido y no por lo que son las cosas realmente, entonces, tendremos hombres y mujeres con falsas expectativas dictando leyes sociales y poniendo pautas maritales equivocadas.** Solo "la verdad te dará la verdadera libertad". Un ejemplo sobre las consecuencias de la ignorancia y las falsas perspectivas es el de mi país. En mi país se proclamó la independencia de los haitianos y luego fuimos esclavos de los mismos que lucharon para conseguirla. La razón es porque los que posteriormente a la libertad haitiana gobernaron fueron los esclavos dominicanos. **Éstos fueron libertados de un poder político, pero siguieron siendo esclavos en sus mentes. Solo la verdadera educación trae libertad.** La verdadera educación traerá el matrimonio al "jardín" original, el lugar que ya no se encuentra entre los hombres, sino en el seno de Dios. Esto es en la mente del infinito. Por lo que aprovecho este concepto para decir que toda verdadera educación y toda verdad están en la mente de Dios. Si quieres seguir los verdaderos patrones y la verdadera educación de cómo llevar un buen matrimonio, necesitas buscar una fuente segura, limpia y pura. Dios es el único que nos ofrece ese conocimiento y percepción, pues el que creo el producto es el que sabe cuál es su mejor funcionamiento.

El conocimiento de la cuarta dimensión

La religión es la madre de la ignorancia, y ésta no es amiga de nadie. Cuando vendía libros, encontraba muchos creyentes y lectores de la Biblia que me decían: "Yo no compro libros, pues lo único que yo leo es la Biblia". Yo le tengo su respecto a este sagrado libro, pero difiero de los que creen que en la Biblia encontrarán todo lo que necesitan para avanzar en este mundo, creo que ése es un pensamiento muy cerrado. Pero por otro lado, sus principios pueden ayudarnos a encontrar el equilibrio que buscamos, siempre y cuando entendamos cuál es la fuente de todo conocimiento. Alguien una vez me preguntó: "Y el jardín de Adán y Eva, ¿dónde se encuentra?". Entre nosotros, le dije: "No podemos verlo, porque nadie encuentra lo que no busca". El jardín, ese hogar que se perdió, puede ser hallado, pero para encontrarlo, el hombre y la mujer deben unirse en matrimonio y buscarlo. **El hombre y la mujer solo pueden encontrar un lugar mejor (Hogar) que el que ya conocen, si se unen en pensamiento.** Para penetrar a los secretos de la dimensión desconocida (la cuarta dimensión) deben aprender a subir a los lugares celestiales, a las abundantes riquezas de su gracia. Todo matrimonio que quiere vivir una vida sin límites debe ir de lo conocido a lo desconocido.

Somos seres espirituales y nuestra grandeza, felicidad y riqueza se encuentran en ese mundo donde solo se puede llegar a través de una mente renovada. **Cuando uno de los dos despierta en su conciencia y da un paso que le otorga más libertad y conocimiento, y el otro no; no pueden llegar** a los lugares celestes donde se encuentra toda la riqueza del alma. **De no encontrar esa riqueza, lo que estarán es atrayendo pleitos, desamor, incomprensión, dolor, insatisfacción y frustración.**

El hombre y la mujer solo pueden ser felices en el matrimonio cuando unen sus mentes, sus pensamientos, sus creencias, sus hábitos y su propósito para penetrar a los lugares ocultos donde "todo lo que emprendan prosperará y todo lo que pidan será hecho". Esto solo se puede lograr con un conocimiento correcto de lo que ellos representan. **Cuando hay unión de la mente para buscar la verdad que les pertenece, en vez de creerse la mentira del dolor, el machismo, el feminismo, el libertinaje y el divorcio, todo prospera.** La unión de la mente y los pensamientos se logra con la verdad "porque dejará el hombre a su padre y a su madre y se unirá a su mujer y serán una sola carne". Esto no solo implica el hecho de salir de la casa paterna, sino también en dejar tus viejas creencias, hábitos, pensamientos y emociones que te atan a tu vida paterna para convertirte en una persona a imagen y semejanza del nuevo propósito y destino.

Wilson, me corriges si no tengo la percepción correcta de lo que hemos querido enseñar en este capítulo; pero lo que entiendo de todo esto lo podríamos resumir en:

1) La conciencia debe despertar a otro nivel para que el hombre y la mujer puedan unirse en una nueva búsqueda y un nuevo conocimiento de la verdad y la felicidad.

2) Toda creencia de la casa de nuestro padre debe ser traída a la mesa de la nueva unión para ser cuestionada y analizada, y así traer los nuevos patrones, conocimientos, entendimientos y valores que nos ayudarán a ser funcional como pareja.

3) Que toda diferencia entre el hombre y la mujer es una vieja creencia, pues el sexo no define la igualdad, sino la mente.

4) Si cambias tu mente, cambiará tu perspectiva y si el cambio es correcto, entonces versás lo correcto, harás lo correcto y vivirás correctamente feliz. Éste es el camino de la verdadera felicidad en el matrimonio sin límites.

5) No se logra la unión con el sexo, sino con los pensamientos, propósito y aceptación del nuevo destino.

6) La cuarta dimensión está más allá de nuestros ojos, es un lugar en donde solo a través de la unión podemos llegar.

PREGUNTAS PERSONALES:

¿Cuáles son las diferencias que tienes con tu cónyuge? Explica.

¿Qué harán para cambiar esas diferencias?

¿Puede la pareja llegar a la unidad total? ¿Cómo? Explica.

¿Qué conocimientos y hábitos traídos de tu vida anterior a tu matrimonio, piensas que le están restando valor a ti y a tu pareja?

¿Cómo se dejan ver éstos en tu comportamiento? Explica.

Capítulo X

El amor es más que cuatro letras

Cuando dirigía el Servicio de Educación Hogar y Salud en la República Dominicana, iba en mi carro de regreso a la ciudad de Santiago, cuando dos jóvenes y un policía me pidieron "una bola" **(esto significa que lo lleve gratis algún lugar que está en la ruta a recorrer).** Todos al subirse al vehículo me dieron las gracias y comenzaron una comunicación muy a gusto. En medio de la conversación comenzaron hablar de los hombres, el baile, el ron, las mujeres y el sexo **(esto es algo muy común en el ambiente popular de mi país).**

El policía introdujo una conversación sobre el valor de la belleza física de una mujer para un hombre al decirle a sus amigas:

—Oye, la belleza de una mujer es algo muy importante, pues a menos que todo esté a oscuras, cuando se le hace el amor a la mujer, hay que verle la cara.

A lo que Margarita, una de sus compañeras, le contestó:

—Sí, pero la belleza es muy subjetiva, mi amor —dijo con un tono irónico.

—"¿Subjetiva?". "preguntó el policía" ¿Acaso tú no sabes que el hombre se mata por lo que ve?

Todos hacen un profundo silencio y el policía continúa:

—La belleza es la belleza, ¿qué tiene eso de subjetivo? Una mujer bella es bella y punto.

—Ustedes, los hombres, en lo único que se fijan es en lo externo, especialmente en el "C" de la mujer —dijo Margarita con cierto enojo y mirando al policía con una actitud bélica.

Observando yo que la conversación se calentaba entre ellos, interrumpí:

—Hey, hey, hey, es mejor que cambien la conversación, pues veo que está tomando un tono muy caliente y picante a la vez.

—**Es que la gente llora por sus heridas, la belleza es la belleza, mírala a ella** "dijo el policía señalando a Juana, la otra mujer que hasta ese momento no había abierto la boca para pronunciar una palabra sobre el tema—. **Ella tiene esa mancha en un lado de su cara y yo le digo que hay doctores que se la pueden quitar y no lo hace, eso sí que es feo.**

Juana lo miró con enojo y le expresó:

—**Oye, qué difícil es ser tu amiga y es que ustedes los policías de este país así es que actúan, sin ninguna sensibilidad, ya te dije que alguien me ofreció hacerme esa cirugía gratis y cuando le comuniqué a mi esposo, él dijo que esa mancha en mi cara fue lo que más le gustó cuando él me conoció** —hizo una pausa y luego continuó con un tono desafiante—: **aparte, mi amor, de mi sonrisa, mi seguridad como mujer y mi autoestima.**

Esta respuesta me sorprendió grandemente y parece que a todos les pareció igual. La conversación se detuvo y después de esto lo que prosiguió fue un enorme silencio, nadie dijo nada por un largo momento, pero ese silencio me permitió pensar un poco en lo que verdaderamente significaba el amor conyugal. **Me di cuenta de que el amor no es una palabra, ni un verso hermoso, ni una plática poética o lírica.** El amor es una fuerza que se manifiesta en la comprensión, apreciación, disposición y aceptación de mí hacia los demás.

La verdadera razón por la que pienso que este hombre le dijo a su esposa que la amaba con su mancha, era porque en ese tiempo la cirugía plástica en mi país era un mito, se cuestionaba a las mujeres que lo hacían y se ponía en duda su integridad; por otro lado, en caso de que ésa no fuera la razón, la cirugía estética era un método muy costoso. Los doctores que hacían este tipo de cirugía podían ser contados con los dedos de la mano y solo los clientes millonarios podían cubrirlas. **Este hombre sabía que nadie le iba hacer una cirugía a su esposa a menos que no pagara el justo precio y éste no estaba en su cuenta de banco.** Por otro lado, de no ser así, sería cuestionado por sus amigos en cuanto a la integridad de su esposa. Razón por la que decidió amarla, edificarla y aceptarla como ella era y con los defectos físicos y emocionales que tenía. El amor no puede estar basado en una simple emoción, sino que se debe manifestar en nuestros actos diarios.

Wau, Wilson, esa historia sí que me cautiva; yo misma como mujer estoy de acuerdo de que un hombre que dice amar a su mujer, pero que si no la acepta como es, solo le estará expresando lindas palabras. La aceptación tiene origen en el término latino *acceptacion*, el concepto de aceptación hace referencia a la acción y efecto de aceptar. Este verbo, a su vez, **está relacionado con aprobar,** dar por bueno o recibir algo de forma voluntaria y sin oposición. **La aceptación y la apreciación** son básicas para una relación exitosa y sin límites; la aceptación es el arte de aceptar a otro como es y estar dispuestos a no cambiar a las personas, muchos se casan y quieren que el otro sea como ellos y no están dispuestos a ceder. La palabra apreciación es el resultado de la acción de apreciar, vocablo que proveniente del latín *appretiāre*, y cuyo significado es valorar, colocar un precio comercial o emocional a determinados hechos o circunstancias, cosas o personas.

La apreciación se basa en mirar los detalles que nadie ve en tu pareja para exaltarlos de manera positiva y no negativa.

Cuando le decimos muchas cosas negativas a la otra persona, ésta puede comenzar a sentir que no puede hacer nada bien. **Si no está feliz contigo mismo, nadie lo estará. La gente se refleja en los demás y mayormente cuando estamos en una relación tendemos a fijarnos en todo lo que no nos gusta, generando más de lo mismo en la otra persona. Si piensas que estás cansado de tu relación, es porque te estás enfocando en lo negativo de la misma y no en lo bueno.**

Te invito que durante un mes escribas todo lo que apruebas y te gusta de tu cónyuge y la razón por la cual lo amas. Al final del ejercicio verás que eres más dichoso(a) y feliz. **La felicidad conyugal se logra dentro de nosotros y no fuera. El efecto placebo nos muestra que la mente tiene el mismo poder de sanar que la medicina.** Este principio se aplica a todo lo que percibimos, vemos, tocamos y tenemos.

Si piensas que estás cansado de tu relación, es porque te estás enfocando en lo negativo de la misma y no en lo bueno.

La aceptación es un fruto del amor sin límites

Si volvemos a la definición que dio Sandra sobre aceptación, veremos que ésta contiene tres verbos muy importantes. El verbo "dar", "recibir" y el verbo "aprobar". **En el concepto de dar y recibir encontramos que las personas siempre están motivadas a recibir, pero difícilmente a dar.** La razón es porque siempre las personas están buscando como complacerse y no lo contrario. Las personas en su mayoría si les hablan de dar o de ayudar, se les petrifica la cara. Pero cuando se les habla de "free", de ayuda o de recibir, su actitud cambia.

La pareja tiene que aprender tres cualidades muy básicas para que funcione la relación, éstas son: **dar, recibir y aceptar. Dar** es cuando haces lo que le gusta a tu cónyuge con la finalidad de colaborar en su felicidad. **Recibir** tiene que ver con amarse y complacerse a sí mismo. **Aceptar** es entender que todos tenemos errores y que la perfección es una ilusión mental.

Me acuerdo, Sandra, cuando tú y yo comenzamos nuestro noviazgo, yo por ejemplo supe cuando te vi que tú eras la mujer con la cual deseaba compartir mi vida. Pero antes de conocerte, había adquirido algunas teorías que las había aprendido con los amigos de la calle, con el círculo que me rodeaba y con mi abuelo. Muchas eran erróneas, y muchas eran buenas. Unas de las creencias que yo tenía sobre las mujeres consistía en que la mujer debía de ser escogida de una buena familia, ese concepto lo aprendí de mi abuelo que siempre me decía: **"Mi hijo, las mujeres son como las vacas, se buscan por ser de buena raza".**

Por otro lado, los "tigres" del barrio me enseñaron: **"Cuando busques una mujer para casarte, no te preocupes en que sea bonita (tener una mujer bonita se resuelve con una amante o una prostituta), solo procura que sea solo para ti o que haya tenido los menos novios posibles y, si es posible, que tú seas su primer amor".**

Los otros conceptos erróneos que me decían los muchachos del barrio y los compañeros de la secundaria, eran: **"Cuando puedas, besa a tu novia en su pecho izquierdo, y procura investigarla si ha tenido esas experiencias, porque el que se lo haya hecho no será olvidado jamás. También explórala sexualmente y de esa manera sabrá si son compatibles en el matrimonio".** Según las creencias de estos jóvenes, hay cosas que marcan una mujer las cuales ellas nunca olvidan, como su primera experiencia sexual y que le besen su pecho izquierdo. Quizás tú nunca hayas oído creencias como éstas, pero es importante saber que no importa cuál sea la cultura en la que te desarrollaste, quiero dejarte claro que siempre aprendemos cosas falsas que nos roban lo verdadero.

Sandra, en el tiempo cuando te conocí, yo pertenecía a una organización religiosa la cual hablaba mucho del matrimonio, pues utilizaban los temas matrimoniales como una manera de penetrar a nuevas comunidades y así convertir personas. Ellos me enseñaron lo básico para comenzar una relación amorosa en serio. Mi profesor de consejería ministerial me enseñó que para ser un ministro, la mujer con la cual me iba a casar no debía tener familiares locos, homosexuales, con enfermedades hereditarias y tampoco podría haber sido lesbiana, prostituta etc.

Cuando te conocí con los conocimientos que tenía sobre el matrimonio y de cómo tratar a una mujer, me propuse hacer mis propias investigaciones y toda investigación que hice sobre tu vida parecía perfecta. Ésta fue la razón por la que te propuse ser mi novia para luego convertirte en mi esposa.

Una de las técnicas que usé para conocerte mejor durante el noviazgo, fue que comencé a sorprenderte llegando a tu casa en horarios que tú no me estuvieras esperando. Esto me permitía saber tus defectos físicos o emocionales. No se si te acuerdas, pero en algunas ocasiones tú estabas barriendo el patio, otras veces en sandalias, en pijama y en muchas ocasiones no te habías peinado el montón de cabello encrespado que tenías. En muchas ocasiones te sentía tímida y hasta avergonzada al llegar de sorpresa, pero dispuesta siempre a recibirme, mas, sin embargo, había algo que notaba que tú no tolerabas y era que te viera los pies, siempre los escondías.

Sí, Wilson, es verdad lo que dices, es que mis pies, en mi manera de pensar, se veían muy grande y deformados. Esto había afectado mucho mi autoestima en esa área, pero tú me ayudaste mucho con eso. Tú les hablabas a los pies cada vez que estábamos juntos (era algo bien alocado), los acariciabas y les decías que eran hermosos, les hacía cariñitos a los pies como si estuvieras jugando con un bebé pequeño. Desde ese momento, comencé a ver mis pies de forma diferente y a dejarlos de esconder. Comencé a acostumbrarme y a sacar los pies debajo de la mesa, poco a poco.

Me acostumbré tanto a la idea de que mis pies eran bellos, que al principio de estar casados y cuando comencé a trabajar en el colegio, yo llegaba a la casa, me descalzaba y ponía los pies en el piso delante de ti sin ningún tipo de restricción o vergüenza. Estaba muy segura de lo hermoso que eran mis pies. Se ha probado que cuando alguien siente que alguna parte de su cuerpo es hermosa, es más efectivo y esplendido en esa área. **Vemos esto en muchas mujeres que se hacen cirugía para bajar de peso o trabajan en alguna área de su cuerpo que no les gusta. Cuando estas áreas son mejoradas, ellas comienzan a ser más coquetas y seguras en sus conversaciones.**

> *Se ha probado que cuando alguien siente que alguna parte de su cuerpo es hermosa, es más efectivo y esplendido en esa área.*

Después de mucho tiempo de tú estar trabajando con mi autoestima y mi creencia sobre mis pies, me quedaba descalza y te permitía que vieras o disfrutaras mis pies sin ningún problema. **Este mismo principio lo puede aplicar un hombre o una mujer en cualquier parte del cuerpo que su pareja está avergonzada. Si le dices a tu pareja que lo que necesitas para sentirte mejor es que cambie; no cambiará,** pero si le dices que estás feliz de tenerla y amarla como es, será mejor, se verá mejor y se sentirá mejor.

Sí, es verdad, pero lo que tú no dices a los lectores es que te llegaste a sentir tan bien con tus pies que abusabas de mí, lo digo en forma graciosa... Hablando de abuso, me acuerdo una vez cuando llegaste del trabajo sudada, te acomodaste en el frente de donde yo estaba sentado, te quitaste los zapatos, alzaste los pies y me dijiste: "Ñoño, ¿me besas los pies?", y casi me metes los pies en la boca.

Wau, qué bárbaro eres, me hiciste poner roja y a la vez me has hecho reír mucho. Wilson, ¿qué van a decir los lectores de mí?

Me imagino que quizás te sea incómodo tratar el tema, pero con éste ponemos un poco de humor al asunto y también dejamos al descubierto a nuestros lectores la mujer libre que ahora eres. Esto es importante que muchos hombres entiendan, que cuando una mujer es aceptada será más libre de expresar amor.

Gracias por esa aseveración, Wilson, y que las mujeres entiendan lo mismo sobre los hombres.

Sandra, te daré un ejemplo muy típico en el hombre, y trata de cómo su sexualidad está ligada a su hombría. Un hombre podría mostrar algunos problemas de erección, de eyaculación precoz o desinterés sexual hacia su esposa por el simple hecho de no sentirse aceptado por ella. Podría no ser efectivo sexualmente solo por temor a no hacer bien el amor, cosas como éstas, etc. Cuando se levanta la autoestima de un hombre, se le levanta todo.

¿Tú ves Wilson? Eso es lo mismo pasa en el caso de la mujer.

Cuando se levanta la autoestima de un hombre, se le levanta todo.

Aceptación de los cambios fisionómicos

Si queremos definir fisionomía, podríamos decir que está relacionada al "aspecto particular del rostro de una persona", o "aspecto exterior de las personas". Me acuerdo, como si fuera hoy, cuando tú quedaste embarazada de nuestro primer hijo. Comenzaste un régimen de alimentación saludable y muy rígido.

Sí, lo recuerdo, Wilson, una historia que ahora me parece un poco chistosa, más, sin embargo, tengo que reconocer que para ti fueron tiempos difíciles, pues en muchas ocasiones te despertaba a la doce de la noche para que fueras al parque a comprarme un "chimi" (esto es un tipo de hamburguesa de mi país). La razón por lo que lo hacía era por la creencia del antojo **(en mi país se cree que si una mujer está embarazada, le comienzan los antojos, o sea, quieren comida que no es común que ellas coman, y si no lo hacen, el alimento deseado le sale pintado al niño en la piel).** Ésta era la razón por la que yo quería comer todo lo que deseaba y sin importar la hora que fuera. Por otro lado, tenía un régimen de comida sana porque quería que mi niño saliera saludable. No sé si sabes, pero **es importante para una embarazada lo que ella come, escucha y hace.**

La verdad, Sandra, es que pese a todos los sacrificios, fueron buenos tiempos, todavía recuerdo bien claro tus manos tibias tocándome la espalda a la doce o a las dos de la madrugada, diciéndome: "Bebé, bebé, bebé".

Cuando despertaba yo, hacía: "Uhhn, uhhn, uhhn. ¿Qué quieres a esta hora?".

"Se me antoja un chimichurri", decías tú con ojos entre cerrados.

Y yo tratando de convencerte, te decía: "Pero, amor, ¿a esta hora? Deja eso para mañana".

A lo que tú me decías: "No puedo, porque el bebé puede nacer con un chimichurri pintado en la cara o en su cuerpito".

Con esto me dabas un golpe en las vísceras, y muchas ocasiones solo me convencías señalándome con un dedo al niño que estaba en tu vientre. Esto era muy convincente, pues cuando pensaba en que el niño podría nacer con un "chimi" pintado en sus cachetes, ya no decía más e inmediatamente me levantaba poniéndome una camisa y estrujándome los ojos. Quiero confesar que para mí no fue tan fácil, pues tú te inflabas de gorda y yo me secaba cada día más, parecía que me chupara la sangre. Parecíamos un diez, tú eras el cero y yo el uno.

La otra cosa difícil que comenzó a pasar es que tenía que dormirte arroscándote la espalda. Tú te volteabas y yo rascaba tu espalda hasta que te dormías. En muchas ocasiones yo estaba tan cansado que me dormía primero, pero tú te volteabas y me decías: "Ñoño, sigue rascándome...".

Sí, abusé bastante (eso digo mientras sonrío levemente y me acomodo mientras en la silla).

Cuando éramos novios, Sandra, te había dicho que cuando nos casáramos te ibas a dormir sobre mi pecho. Y tú aprovechando tu embarazo me decías: "Mi amor, tu prometiste que yo iba a dormir en tu pecho".

No bien yo abría la boca para decirte que no podía; te lanzabas sobre mi pecho. Todo esto lo cuento solo para decirte el principio que extraje de estas experiencias y es que al principio, cuando me lo pediste por primera vez, hice todo como un deber o una obligación, pero a medida que lo fui haciendo comencé a amar lo que hacía por ti. Bueno, hasta hoy tú no te duermes sin que te rasque la espalda y yo tampoco, porque ya es parte de mi vida.

Cuando haces algo por las personas que amas, al principio puede sentirse incomodo o extraño, pero a medida que lo haces, te darás cuenta de que también te llenará de felicidad y satisfacción propia. Los psicólogos piensan que es más fácil hacer cosas buenas que sentir hacer cosas buenas. En mi manera de verlo, si una pareja solo actúa por lo que está sintiendo, nunca llegará a superarse a sí misma.

Aceptar las cosas que no te parecen cómodas, aceptar que hay momentos difíciles en el matrimonio y dar siempre comprensión y afecto a tu pareja es una de las claves para mantener las tinajas del matrimonio llenas, y para que en la relación el buen vino se conserve hasta el final. Todos tenemos la oportunidad de dar, recibir, aceptar y aprobar.

Wilson, estoy de acuerdo contigo en esto, porque lo que más ayudó a mi autoestima fue que tú me mostraste que me aceptabas como era. Tú no te corrías de mí lado porque estaba pasada de peso, o porque no tenía la figura ideal para ti, al contrario, me comprendías. Esto hizo que nuestro hijo naciera saludable y calmado, hasta hoy nuestro hijo Wesser es un orgullo de amor y paciencia, y estoy segura de que él también percibió el amor que me diste en esa época. **Aceptar a tu pareja afirmándola y no tratándola de cambiar, es un método efectivo para subir la autoestima y la confianza en las relaciones.** Muchos hombres le dicen a su esposa, **"tú eres una gorda, una descuidada, una bruta, si fueras como Sabrina, Martha, Juana, Lina, etc.".** Pero esto en vez de ayudarle, le baja el autoestima y fortalece el defecto, en vez de la cualidad, el don o la habilidad. Es fácil criticar y destruir a tu pareja, lo que resulta difícil para muchos es construirla.

Apreciación sin reservas

Sandra, la palabra apreciación es un vocablo proveniente del latín *appretiāre*, cuyo significado es valorar, colocar un precio comercial o emocional a determinados hechos, circunstancias, cosas o personas.

Cuando le decimos a alguien: **"Te aprecio mucho";** le estamos haciendo saber que para nosotros es una persona muy importante y que sus acciones son elogiables. También podemos apreciar en una persona ciertos aspectos de su personalidad, de su actos y habilidades. Por ejemplo, cuando te digo: **"Aprecio tu forma de expresarte, tan delicada y cordial";** **"aprecio cómo realizas tu trabajo, siempre bien dispuesto y responsable";** **"aprecio que siempre estás pendiente en cómo me siento".** O cuando tú me dices: **"Aprecio que eres un buen proveedor para la familia";** **"aprecio que siempre estás dispuesto a escucharme".**

Otro ejemplo de apreciación es cuando decimos: "Según mi apreciación de los hechos"; en este caso estamos dando nuestro punto de vista personal sobre lo que sucedió, una valoración subjetiva, que puede incluir si fue o no importante, si fue lícito o no. Podemos dar nuestra apreciación en obras artísticas (pintura, escultura, composición musical), una película o un texto literario.

Más, aunque el término apreciación es tan amplio, en pocas ocasiones lo aplicamos a la persona que está más cerca de nosotros, que es el cónyuge. **Dejamos todo por sentado y pensamos que éste entiende que lo amamos y nos gusta que la comida que cocinó, que apreciamos que cumplamos un año más de casados, que él provee o ella para la familia, que lleve la comida del supermercado, que planche la ropa, que limpie la casa, que sea un padre atento, una madre cuidadosa, que aparte un día para la familia, que trabaje para que la familia esté segura económicamente, que tengan hijos, que hagan el amor, etc.** Un ejemplo de la apreciación conyugal es decirle "gracias" a tu pareja después de haber hecho el amor, es un cumplido gratificante, aunque muchos piensan que no deben porque es parte de...

Wilson, la verdad es que es triste que la pareja se olvide de un "gracias", de un "te quiero", de un "por favor", de acordarse de un aniversario o de un regalo tan sencillo como una rosa. Nos distanciamos tanto del hecho, que cuando queremos hacerlo, nos sentimos incómodos.

En cierta ocasión, el señor Romántico asistió a un seminario tratando de recuperar su matrimonio, pues él y su esposa se habían distanciado grandemente. En el seminario le hablaron de la importancia de apreciar para ser detallista con ella, le dijeron cuánto podría ayudar a la relación que el hombre tome en cuenta los pequeños detalles. Él salió de la reunión motivadísimo y con la determinación de complacer a su esposa, inmediatamente fue a la tienda de flores y le compró un hermoso ramillete y una tarjeta en la cual le escribió un verso de amor para entregar junto a las rosas. El verso decía: "Tu eres la mujer más hermosa de toda la tierra, cuando naciste brillabas tanto que se opacaron las estrellas". Escribió su verso en la tarjeta y se dispuso en llegar temprano a la casa. Cuando llegó, se detuvo frente a la puerta con las flores detrás de su espalda. Tocó la puerta y la mujer se presentó rápidamente. Cuando él la vio abrir la puerta, sacó sus ramilletes de flores y dijo: "Tu eres la mujer más hermosa de toda la tierra, cuando naciste brillabas tanto que se opacaron las estrellas". La mujer, cuando escuchó esas palabras tan hermosas, se quedó petrificada... y luego de un largo silencio exclamó: "¡Ay, Dios, qué mal día he tenido, se me quemaron los frijoles, el niño le dio un puñetazo a su hermanita, se me dañó la lavadora y para completar mis problemas llegas borracho a casa!".

Muy gracioso, pero ¿qué paso aquí Sandra?

Es chistoso, pero es la realidad en que vivimos, es que cuando una pareja deja de apreciarse a sí misma, entonces deja de crecer en su relación y comienzan a verse como extraños. **La esposa, el esposo, los niños y todos los integrantes del hogar necesitan estímulos.** Y esos estímulos solo se logran si podemos apreciar lo que esa persona representa en nuestra vida. Nadie puede apreciar algo o a alguien cuando no entiende la importancia del mismo. La gente solo puede apreciar lo que conoce, porque es lo único que tiene valor para ellos. **Todos necesitamos ser amados, necesitados ser admirados, ser recompensados, ser estimulados y motivados para seguir enfrentando con agrado los retos**, las obligaciones y la responsabilidad que conlleva tener un matrimonio y una vida sin límites.

Cuando una pareja deja de apreciarse a sí misma, entonces deja de crecer en su relación y comienzan a verse como extraños.

Sandra, apreciar es resaltar todo lo positivo de la otra persona en vez de enfocarte en lo contrario. Para apreciar a tu pareja es necesario que te ames primero tú, la apreciación comienza en ti mismo. Jesús dijo: "Un nuevo mandamiento doy, que se amen unos a otros como yo lo he amado". Mas, sin embargo, este mandamiento Jesús lo presenta como algo nuevo, porque antiguamente a los judíos se le había dado un mandamiento parecido: "Amarás al prójimo como a ti mismo". Aunque muchos que profesan la religión cristiana y siguen los estudios teológicos creen que estos dos mandamientos son iguales, no lo son. El problema del mandamiento "Amar al prójimo como a ti mismo" es que muchas personas no se aman.

Apreciar es resaltar todo lo positivo de la otra persona en vez de enfocarte en lo contrario.

Es necesario saber quién tú eres para poder apreciar correctamente a tu pareja. Solo puedes dar lo que tú posees y solo se reconoce lo que ya sabes. Nadie puede reconocer un buen vino o una buena comida, si nunca lo ha visto o ha conocido de la misma. Para reconocer algo, primero debe saber que existe. ¿Ahora entienden por qué en tantos matrimonios no hay armonía? Porque ellos mismos no se conocen y si no se conocen, no se aman y si no se aman, no se aprecian.

Para apreciar el intelecto de alguien, primero tienes que conocer lo que esa persona sabe. Apreciar la grandeza de alguien requiere entenderlo para valorarlo. Este principio también se aplica para las cualidades negativas que no soportas en los demás. Si crees que una persona está furiosa, primero tienes que saber qué aspecto tiene la furia, si percibes que alguien es egoísta, tienes que haber algo de egoísmo en ti, si llamas manipulador a alguien, debe haber también un grado de manipulación en ti. De hecho, todos somos manipuladores, la diferencia es que unos lo podemos controlar y otros no.

A eso los psicólogos le llaman la psicología del espejo. Lo que quieren decir es que la vida es una proyección, como un proyector de cine. Proyectamos en nuestro exterior lo que tenemos en el interior. Imagínate que estás viendo la televisión y tu pareja se acerca para decirte que no puede estar sentada allí por tanto tiempo. Te lo pide de manera descortés y tú le respondes lanzando gritos y amenazas. Es importante saber aquí, que hay algo malo en ti que ha sido descuidado. Tú dirás: "Pero ella primero fue descortés conmigo; se lo merece". Pero lo que dijiste no fue lo que ella merecía oír, sino lo que tú has generado para ella.

Wilson, estoy de acuerdo contigo en esto, pues nada se manifiesta en este mundo de la nada, todo viene de lo que no se veía. De hecho, las cosas que vemos vienen de las cosas que no vemos. **No se puede sacar jugo de limón de una pera. Lo que sale de nosotros es porque lo tenemos dentro.** Lo que dejas salir cuando te molestas es porque alguna parte de ti está inconforme e incómoda. Si tú no controlas la furia que tienes, ella te controlará a ti. Las personas que te hacen enfadar en realidad no te molestan, solo hacen que salga tu malestar escondido en el corazón. **La mejor manera de interpretar un incidente es no verlo como algo negativo, sino como una oportunidad para desarrollar tu carácter y evolucionar en esa parte de tu vida que está siendo tratada.** Cada situación difícil te deja ver que parte de ti mismo se había mantenido al margen de tu conciencia. Si tenemos la fe y la persistencia, podremos tomar esa rabia, sacarla del subconsciente y llevarla a un espacio de amor. **La apreciación no está en el mismo lugar que la rabia, sino en el mismo lugar del amor.**

> *Si tú no controlas la furia que tienes, ella te controlará a ti.*

Una persona que es amor encarnado ve las cosas negativas como una oportunidad y no como una maldición. **El trabajo de cambiar el interior es un trabajo de toda una vida, es un proceso que puede costarte mucho tiempo, estudio y esfuerzo, pero que vale la pena.** Ser afectuoso es comprender la naturaleza humana, es volver a nacer. El camino del amor no es algo que todos quieren, pues las personas se aferran a sus viejas creencias y para muchos es más fácil atacar el defecto o el defectuoso, que amar. Por eso la mayor conquista de la vida no es conquistar al mundo, sino conquistarse a sí mismo.

Sandra, ¿quieres decir que para apreciar a tu pareja, primero tienes que amar y conocerte a ti mismo?

Definitivamente, así es.

Concluimos diciendo que el amor no es un simple sentimiento o es una palabra poética, es más que eso. El amor es una manifestación **de aprecio**, cariño, **aceptación, apreciación, entrega, apertura, abnegación, felicidad, confianza, paz, paciencia, constancia, permanencia, fidelidad y respeto.** El que no ama, no ha conocido a Dios, porque Dios es amor. El amor es la manifestación de todo lo bueno, puro y honesto.

Después de haber leído este capítulo, tómate unos minutos y contesta estas preguntas:

PREGUNTAS PERSONALES:

¿Qué hay en las acciones de mi pareja que me molestan?

¿Qué hay en mí que hace que eso me moleste?

En cuanto a la aceptación de mi pareja, del 1 al 10: ¿Qué puntuación le doy? ¿Qué puntuación me doy?

¿Qué debo aceptar de mí mismo que me hace menospreciar lo bueno de ella?

Como esposo(a) debo: ¿Cambiar a los demás, cambiarme a mí mismo, o cambiar los dos?

¿Por qué? Explica.

Capítulo XI

Antídoto para el divorcio

Yo he realizado algunas bodas y, cuando bendecía a los novios, hay una frase que nunca falta: "Lo que Dios juntó, no le separe el hombre". Mas, sin embargo, aunque estas palabras no son un invento mío, sino parte de la declaración sacramental que se hace en un casamiento, los divorcios siguen a "flor de piel".

Navegando en la página web de Telemundo, un canal de televisión muy famoso en los Estados Unidos, encontré esta sorprendente información: "Las tasas de divorcio en Estados Unidos van desde aproximadamente el 50 por ciento de las parejas en su primer matrimonio, alrededor del 65 por ciento de las parejas en su segundo matrimonio, y más del 70 por ciento de las parejas en un tercer matrimonio".

Parece que la realidad de dos personas de casarse para nunca divorciarse se ha convertido en un mito y un sueño inalcanzable. Mas, sin embargo, aunque el divorcio es una realidad tan latente en nuestro medio y la idea de la misma para el matrimonio se ha convertido en un veneno tan poderoso, proponemos una solución, y a ésta la hemos titulado "el antídoto en contra del divorcio". El antídoto es "el amor". El amor es la fuerza más poderosa del universo y es la única capaz de sobreponerse a cualquier otro mal o fuerza contraria.

Según la encuesta que mencionamos, las personas que se divorcian lo hacen con más facilidad después de su primer matrimonio. Esto nos muestra dos cosas importantes: **La primera es que el verdadero amor está ligado a la fe y la esperanza.** Y dos, que la palabra **"hasta que la muerte nos separes"** para la mayoría de los matrimonios deja de ser importante después del día de la boda.

Cuando no hay amor entre la pareja, lo menos que éstos quieren es vivir juntos "hasta que la muerte los separe". **Por otro lado, muchos matrimonios que no se divorcian, no siempre lo hacen por amor, sino por otras razones, como los hijos, la religión, el trabajo, la falta de estabilidad financiera, el temor a quedarse solos,** el temor a que en el futuro le salga una pareja peor que la que tienen, el temor al rechazo y el compromiso con los familiares y amigos, etc.

Compromiso no siempre es amor

Wilson, ¿por qué muchas personas dicen que la pareja tiene un compromiso de permanecer unida, pero para mí esa declaración se escucha muy religiosa, cruel o impositiva? En mi manera de verlo, estos matrimonios viven en la esclavitud, en vez de la libertad.

Sandra, se dice que la mujer murió primero que su marido y se fue al cielo, y cuando llegó a éste lo primero que hizo fue ir a donde estaba San Pedro, que estaba cuidando la puerta (no presento este concepto como una enseñanza religiosa, sino como un concepto popular y e ilustrativo, el cual tú puedes o no estar de acuerdo). Al ella llegar a la puerta del cielo donde estaba San Pedro, lo saluda reverencialmente y le dice:

"Mi señor, ya que usted es el que lleva el conteo de quien entra y sale del cielo, ¿me podría hacer el favor de informarme cuando mi esposo muera para venir a verlo de inmediato?".

San Pedro le dijo: "Claro que sí, ¿por qué no?".

Pasando el tiempo y, con todas las actividades del cielo, la mujer se le olvida volverle a preguntar a San Pedro sobre el asunto. Cierto día, mientras la señora está en la sala de su lujoso apartamento celestial, el teléfono suena Ring, ring, ring. La mujer corriendo toma el teléfono:

– Hola, ¿quién es? –pregunta la señora con intriga.

–Es San Pedro, tengo en la puerta a tu esposo y lo voy a retener conmigo hasta que usted llegue.

A lo que la mujer responde muy entusiasmada:

–Gracias, gracias, muchas gracias, voy de inmediato.

Casi corriendo, se arregló los cabellos, se puso un maquillaje, la mejor ropa que tenía y salió corriendo a ver a su amado esposo para darle la bienvenida. A lo lejos ella lo ve y corre para abrasarlo, pero él le pone las dos manos en señal de "stop", mientras le dice: "Ya tú no eres mi esposa".

A lo que ella le responde: "Pero amor, tu prometiste amarme por siempre".

A lo que él responde: "Sí, pero la promesa decía hasta que la muerte nos separe".

Amigo lector, ¿entiendes la moraleja? Hay gente que solo está junta por compromisos y obligaciones.

Wilson, este chiste tuyo sí que me hace reír. Me imagino cuántos estarán pensando lo mismo que este señor. En otra ocasión, una esposa sufrió la pérdida de su esposo mientras estaba en Israel. Cuando la mujer va a la funeraria para buscar un presupuesto, ésta le informa que el entierro en los Estados Unidos costaba 15 mil dólares, pero si lo enterraban en Israel eran 5 mil dólares.

La mujer poniéndose en pie y con una postura firme, le expresa al señor de la funeraria que no lo enterraría en Israel. Éste, muy sorprendido, le dice:

"¿Por qué, mi querida señora, usted se niega a tal pedido si aquí le sale el entierro por un tercio del costo?

A lo que ella responde:

—Es que en mi tierra cuentan la historia de un hombre que murió aquí, lo enterraron y resucitó al tercer día.

¿Entienden queridos?

Bueno es importante que el amigo lector entienda que estas leyendas chistosas no están lejos de la realidad. La gente se casa y quiere escapar de su pareja como de lugar. Vi en las noticias un hombre que mató a su esposa embarazada para quedarse libre y casarse con su novia. Ante situaciones como éstas muchas personas se preguntan: ¿Dónde está la conciencia de esa persona? Pero yo me preguntaría: ¿Dónde está el amor de esa persona? **Ya que la mayoría de los casados matan a su cónyuge, aunque no siempre lo hacen con cuchillos o pistolas, pero sí con palabras, traiciones y decepciones**. Hay palabras que matan el alma y el espíritu de un ser humano.

Yo duré años pastoreando iglesias en una organización muy grande y que se rige mucho por la ley bíblica del Antiguo Testamento. Aunque los ministros de ese lugar escasamente levantaban algún escándalo sexual y de inmoralidad por el proceso de enseñanza y preparación que tienen que pasar antes de ser asignados a la posición. Pero en cierta ocasión, la Organización tuvo que enfrentar una situación muy difícil con un ministro el cual se cansó de su esposa y la descuidó en afecto y sexualmente para que ella cayera en tentaciones sexuales (esto es porque ya los ministros sabíamos que la organización no permitía un divorcio a menos que no fuera por adulterio). Unos pocos siguieron el ejemplo y se dieron algunos casos donde se descubrió que el esposo había maquinado un plan para que la mujer adulterara y así se quedaba libre para volverse a casar, sin perder su ministerio, trabajo, reputación y salario.

La institución que no era tonta ni perezosa dictó una nueva ley en el Manual de Ministro: "Que todo ministro que su esposa fallara a la integridad de los votos matrimoniales, sería investigado y se le preguntaría a ella sobre el comportamiento de él, haciendo también una investigación minuciosa en la congregación". Y si de alguna manera se descubría que éste había descuidado los votos matrimoniales de **"amarla, respetarla, cuidarla, tratarla como vaso frágil o si se descubría que él había fallado en cumplir con su deber en el acto sexual,** sería considerado tan culpable como ella, a éste se le despojaba de sus credenciales, su investidura y de su autoridad.

Aunque esta ley era muy justa para el buen funcionamiento de la organización y la preservación de las familias ministeriales, todavía se arrastraba un sin sabor en la aplicación de la misma y era el hecho de que el amor no puede ser obligado y, al contrario, el amor debe ser el motivo de una relación y no de un deber.

El segundo problema era que tú no puedes ser feliz con alguien con el que estás viviendo por lástima, intereses u otras razones que no sea el amor. **Es por eso que debemos asegurar que para mantener la felicidad en el matrimonio debe haber un camino mejor que el compromiso, la obligación, la religión y la buena moral. Y, sin duda, ese camino es el amor.**

Los enemigos del amor

La primera vez que escuché una declaración clara de amor fue en un poema escrito por el apóstol Pablo y que se encuentra en la Biblia. En ese tiempo estaba muy joven para entenderlo y aceptarlo, pero al pasar el tiempo y dejar que Dios haya trabajado en mi carácter, lo considero la mejor descripción de lo que es el amor. La descripción que escuché fue: "Si yo hablara lenguas humanas y angélicas, y no tengo amor, vengo a ser como metal que resuena, o un címbalo que retiñe. Y si tuviera profecía, y entendiera todos los misterios y toda ciencia, y si tuviera toda la fe, de tal manera que trasladase los montes, y no tengo amor, nada soy. Y si repartiera todos mis bienes para dar de comer a los pobres, y si entregase mi cuerpo para ser quemado, y no tengo amor, de nada me sirve. El amor es sufrido, es benigno; el amor no tiene envidia, el amor no es jactancioso, no se envanece; no hace nada indebido, no busca lo suyo, no se irrita, no guarda rencor; no se goza de la injusticia, más se goza de la verdad. Todo lo sufre, todo lo cree, todo lo espera, todo lo soporta. El amor nunca deja de ser; pero las profecías se acabarán, y cesarán las lenguas, y la ciencia acabará. Porque en parte conocemos; más cuando venga lo perfecto, entonces lo que es en parte se acabará. Cuando yo era niño, hablaba como niño, pensaba como niño, juzgaba como niño; más cuando ya fui hombre, dejé lo que era de niño. Ahora vemos por espejo, oscuramente; mas entonces veremos cara a cara. Ahora conozco en parte; pero entonces conoceré como fui conocido. Y ahora permanecen la fe, la esperanza y el amor, estos tres; pero el mayor de ellos es el amor".

Ésta es la verdadera descripción del amor y es importante saberlo para que exista lo falso, debe existir lo verdadero y nadie reconoce lo falso a menos que no conozca lo verdadero. Esto lo digo porque todo lo que tiene un gran precio está sujeto a la falsificación. Las personas no falsifican lo que no vale, sino lo que es de gran precio. Se ha dicho que nadie falsifica un billete de un dólar, la razón es porque falsificarlo cuesta más que el billete. Esto muestra la importancia de conocer la falsificación cuando se trata de hacer lo correcto y lo verdadero.

Sandra, me gusta lo que dices sobre lo falso, lo verdadero y la falsificación, no solo porque es verdad, sino también porque ese conocimiento se divulga en el ADN (DNA) de las personas. En mi campo, mis padres, mis abuelos y mis vecinos no sabían cómo traducir esto y la manera como lo expresaban era diciendo que algunas cosas eran hechas por Dios, mientras que otras eran hechas por el diablo. Un ejemplo de lo que digo es que ellos decían que los "mulos" (animales de carga) fueron hechos por Dios y los "burros" fueron hechos por el diablo, también que las "cacatúas" (una especie de tarántulas) fueron hechas por Satanás ,mientras que las "Jaibas" (una especie de cangrejos de agua dulce) fueron hechas por Dios. Aunque esto era algo que ahora se ve "funny", para ellos tenía mucho sentido y lo cito aquí porque muestra cómo las personas devalúan lo que le da dificultades, temor o ellos consideran que le es inservible. Lo mismo ha ocurrido con el matrimonio y con el verdadero amor, las personas al pasar el tiempo han dado su propia explicación y opinión. De la misma manera que las personas de mi tierra no podían valorar la existencia de esos animales, aunque ésta tenía una razón de ser. El amor solo puede ser valorado cuando se conoce realmente y no cuando se falsifica o describe de manera incorrecta. La falsificación del amor es la infatuación. Ésta está ligada a la pasión fugaz, a lo exterior, al sexo sin compromiso y a las aberraciones sexuales. La infatuación es enemiga del amor porque viene a devaluarlo o hacerlo inferior. Los enemigos del amor y los cómplices de la infatuación son: **El orgullo, la presunción, la envidia, la jactancia, la vanagloria, la vanidad, las mentiras, las trampas, la ira, el odio, el rencor, la injusticia, el egoísmo, los celos, la contienda, la rutina, el temor, el adulterio, la orgia, el orgullo, la presunción, etc.**

La falsificación del amor es la infatuación.

Éstos son males en el carácter a los que yo llamaría enemigos del amor, porque estas emociones y malas acciones se levantan contra el amor y lo opacan.

Sobre toda cosa guardada, guarda tu corazón

Es necesario que cuando encontremos las personas que amamos, la apreciemos y le cuidemos el corazón para no ser dañado, pues una vez que se daña el corazón, perdemos la vida: "De toda cosa guardada, guardada tu corazón porque de él mana la vida".

Sandra, cuando te conocí me di cuenta de que tu ibas a ser la mujer para tener a mis hijos y pasar el resto de mi vida, fue esa la razón por la que te traté con respecto, cuidado, delicadeza y respeté contigo todas las leyes que conocía sobre guardar el corazón para que tú fueras mejor mujer y esposa. La razón de que te amaba me hacía respetarte. Este acto es contradictorio para los que falsifican el amor o son víctimas de la infatuación. Éstos rompen todos los principios de cuidar el corazón porque creen que aman y que por amor todo se vale.

Gracias, Wilson, por lo que has dicho de cuidar el corazón de la mujer, esto es importante y como mujer mencionaré por lo menos tres acciones que pueden en el noviazgo dañar el corazón de una mujer y que es más responsabilidad del hombre que de ella cuidar estos aspectos:

1. **Tener relaciones premaritales.** Aunque esto parece una ley arcaica o una doctrina religiosa, lo veo como un principio del corazón, porque cuida a la mujer de tener que experimentar con muchos hombres, en vez de preservarse para el hombre que va a compartir su vida para siempre. Muchas mujeres que han tenido muchas relaciones han perdido la confianza, la fe, la esperanza, la seguridad, la ilusión, la inocencia de la entrega completa. Los muchos experimentos sexuales traen consigo muchas comparaciones, fracasos, e insatisfacción. Pues siempre quedarán heridas en el corazón cuando hay fracasos.

2. **Hacerse un aborto.** Aunque entiendo que hay abortos clínicos y que en muchas ocasiones éstos son necesarios, los abortos por puro placer, irresponsabilidad y por tener relación íntima sin compromiso, son más frecuentes que todos los demás. Las mujeres que se practican aborto por placer son propensas a los sentimientos de culpas, la depresión y la baja autoestima, y a tener

daños irreversibles en sus organismos. Una mujer debe evitar quedar embarazada sin una preparación, y si sucede, el hombre que la embarazó debe darle todo el apoyo que ella requiera, para que siga hacia adelante con el bebé.

3. **Forzarle a romper algún principio religioso o de pureza que ella haya obtenido en su niñez.** Convencer a una persona para que haga lo que ella considera impuro e inmoral podría quebrantar su conciencia en otras áreas que más tarde podrían afectar la relación matrimonial en la fidelidad y el respecto.

Del corazón (la mente) mana la vida. La vida en el corazón es todo lo que da frutos. Cuando algo no da frutos o se petrifica, es porque está muerto, y la diferencia entre lo que está vivo y lo que está muerto es el olor y los frutos. Los vivos tienen un buen olor, pero los muertos se pudren y causan malos olores. Los matrimonios muertos hieden por los males mencionados o algunos de ellos, en muchas ocasiones permanecen juntos y hasta parecen estar unidos, pero no están vivos pues no son capaces **de mirarse a la cara, de acariciarse, de decirse "te amo", de compartir juntos, de conversar sin pelear, de invertirse el uno en el otro.**

El amor es más que algo bueno; es buenísimo

En las bodas de Caná de Galilea, las vasijas que los novios estaban usando eran de barro; el barro es símbolo de algo frágil. Aunque en ese tiempo las vasijas de barro eran comunes y estaban en todos los hogares, eran útiles pues tenían varios usos. Estas mismas vasijas fueron las que Jesús dijo que la llenaran de agua para convertirla en vino. **Las vasijas de barro son aquellas cualidades, deseos y acciones en la cuales fundamos un matrimonio que se quiebra con facilidad.** Es querer fundar el amor en una casa bonita, en el carro del año, en una cuenta de banco repleta de dinero, en la sexualidad, en un cuerpo lindo, etc. Esto es importante y de múltiples usos, pero frágil y no es relevante para hacer una pareja feliz.

Las vasijas de barro son aquellas cualidades, deseos y acciones en la cuales fundamos un matrimonio que se quiebra con facilidad.

Wilson, qué bueno que mencionas esto del materialismo, yo llamo materialismo a todo aquello que está fundado en lo externo y no en lo interno. Es el cuidado de lo exterior y no del alma o de la mente. **El materialismo es lo que podemos llamar el amor en vasijas de barro.** En las bodas de Caná Jesús mostró que cuando Dios es invitado a la boda, todo lo demás funcionará y la provisión de lo requerido para ser feliz nunca faltará en el hogar. Aquí no estoy hablando de Dios con la teoría religiosa que la gente tiene del mismo, lo menciono como "El Gran Yo Soy", Dios es Amor. Más adelante definiremos qué esto significa y cómo esto se manifiesta en nuestro entorno familiar y en el Universo. Pero quiero que sepas que Dios es el que construye en la mente, lo indestructible. Jesús dijo: "No tengan miedo a lo que mata el cuerpo, sino a lo que mata la mente".

Mientras salía de un lujoso hotel de una ciudad donde fuimos a dar unas conferencias, y caminaba por una calle donde casi estaban todos los hoteles de la ciudad, vi una pareja de americanos anglosajones que me llamó la atención y que hasta ahora recuerdo, pues ellos y sus cinco hijos estaban hospedados en un pequeño hotel de la ciudad, pero sonreían y disfrutaban mucho sus vacaciones, tenían armonía y amor. No sé tú, pero yo misma lo pensaría dos veces antes de ir a esos lugares y poner mi cuerpo en esas camas, pero ellos estaban felices por estar juntos como familia. Eso es lo que llamo el vino indestructible y de valor incomparable.

Un amigo nos contaba que, en un edificio del Down Town de Manhattan, donde él trabajaba, una mañana la señora más rica del edificio y esposa de un multimillonario petrolero se vistió muy elegante, con todas sus prendas de oro, zafiros y diamantes (collares, anillos, brazaletes, etc.). Cuando llegó a la puerta donde él estaba, lo saludó, le dio una buena propina, unos cuantos sobres y salió a la calle caminando recto hacia el puente donde terminó arrojándose al vacío y perdiendo así la vida. Esta señora dejó seis cartas diciendo lo infeliz que era y que la vida no tenía sentido para ella, que su esposo solo amaba el dinero y no le dedicaba tiempo. Tenía dos hijos y ambos eran drogadictos. Este hombre y esta mujer eran multimillonarios, pero, aunque supieron construir fortunas, nunca supieron construir el amor. **Construir fortuna sin amor es un fundamento en vasija de barro. Los que me conocen saben que yo creo en la prosperidad y el desarrollo, pero no creo en hacerlo a deterioro de lo más valioso, el amor.** El amor siempre debe estar dirigido hacia Dios, a sí mismo, a la familia y a los demás.

Si algo vas a sacrificar, que sea lo inferior

Sandra, aprovechando lo que estás diciendo, quiero hacer una aplicación teológica citando las palabras de Jesús y su concepto sobre lo que tiene y no tiene valor. Es por eso que Jesús dijo: "Quien caminando por la vida encuentra un terreno con una mina, ¿no vende todo lo que tiene y compra este terreno?". Lo que yo entiendo de esta declaración es que siempre para tener algo bueno debemos sacrificar algunas cosas inferiores, quizás una hora del deporte, de la oficina, de la novela favorita, de tener novia por aquí o por allá, del trabajo que siempre soñó. O quizás haya que sacrificar a la suegra (lo digo en broma). Pero el hombre que vendió "todo" no vendió lo que no tenía valor, sino lo que tenía menos valor. El amor conlleva sacrificio, pero cuando entendemos lo valioso que es y la felicidad y la satisfacción que otorga, se convierte en primordial y el sacrifico deja de ser sacrificio para convertirse en deleite. Para los que aman las vasijas de barro, vender todo lo inferior al amor conlleva sacrificio, pero para el que está dispuesto a vender todo para tenerlo, éste es un deleite.

Concluimos que el amor es una fuerza que te lleva a las personas que amas y no te aleja de ellas. **El amor es la fuerza que te hace perdonar en vez de matar o dejar.** El amor es la fuerza que te empuja hacia tus sueños y te mantiene despierto cuando todos duermen. **El amor permite que una madre ame a su hijo sin importarle la condición y el estatus social.** El amor es Dios y es el amor que mueve al Universo a seguir trabajando para mantener todo el equilibrio en sus leyes. **El amor siempre te moverá a ser alguien mejor y no peor.** Es el amor la mayor fuerza sobre la tierra, pues nada bueno o malo se hace a menos que antes no sea amado. Por eso afirmamos que el único antídoto en contra del divorcio es el amor.

Para los que aman las vasijas de barro, vender todo lo inferior al amor conlleva sacrificio, pero para el que está dispuesto a vender todo para tenerlo, éste es un deleite.

Capítulo XII

Los enemigos del amor

Una amiga peleaba con su hermano cada vez que se veían. La razón era que su hermano no quería que éste se divorciara de su esposa y la madre de sus dos hijos. Un día le pregunté por qué tomaba esa actitud hacia su hermano, a lo que ella me respondió: "Porque cuando él estaba enamorado de ella le dije: —Fíjate bien, tú sabes que a ella le gusta pelear y, si te casas con ella, vas a vivir fastidiado". El punto de esta señora era que su hermano conocía los problemas que su esposa tenía antes de casarse, aun así la eligió y eso lo obligaba a ser responsable de quedarse con ella hasta la muerte.

Mi amiga no tenía razón en cómo su hermano debía actuar con su esposa por la razón de que ella era discutidora y **que uno de los enemigos del amor son los pleitos. Pero sí** tenía razón en que él sabía cuál era el defecto de su esposa antes de casarse. Esto lo digo porque muchas parejas cuando enfrentan dificultades en el matrimonio se olvidan que la persona con la cual están casados nunca fue perfecta, ni diferente. **Es posible que siempre tuviera ese defecto, con la diferencia de que en el noviazgo no lo notabas, pues no se enfocaba en sus defectos, sino en sus virtudes.** Cuando una persona se siente cansada de la pareja que tiene, una cosa que podría hacer es tomarse un tiempo para contemplar a su pareja tal como la conoció y enfocar sus pensamientos en todos los detalles que en el pasado le hicieron entender que esa era la persona ideal. El psicólogo Tony Campolo recomienda que, para recuperar el sentimiento romántico, es requerido que la pareja se corteje por treinta días.

Wilson, lo que yo creo es que el amor no es una emoción, es un principio establecido en el Universo y es una fuerza de empuje; **de hecho, el amor es la mayor fuerza del Universo.** Como todo principio y toda fuerza, el amor debe ser motivo de estudio y práctica, el amor como toda energía y fuerza energética se transforma. Aunque el amor nunca deja de ser, pues el amor es perfecto y lo perfecto siempre lo es. Si el amor toma forma y energía, y ésta puede ser más poderosa o más débil, dependerá de quién le da el movimiento.

Los peores enemigos

Enumeremos algunos de los defectos del carácter, a los que en este libro llamamos "los enemigos del amor" y que levemente fueron mencionados en el capítulo anterior, pero que en este capítulo lo desarrollaremos con todo el detalle.

Sandra: 1. El orgullo*. El orgullo puede definirse como una autoestima exagerada o elevada, es tener un concepto de sí mismo más alto del que se debería. El problema del orgulloso es que difícilmente reconozca su falta o le dé valor a las acciones del otro. El orgullo es el poder del ego que nunca se sacia.

Wilson: 2. La presunción*. La palabra *praesumptio* se encuentra compuesta de tres partes claramente diferenciadas:

- El prefijo "pre-", que puede traducirse como "delante".

- El verbo "sumere", que es equivalente a "tomar para uno mismo".

- El sufijo "ción", que se usa para indicar "acción y efecto".

La presunción está estrechamente ligada al orgullo, pues la persona presunciosa siempre quiere estar delante y resaltar a toda costa. Una pareja presunciosa, cuando está delante de los amigos y de los demás, tratará a toda costa de que ellos sepan quién es el que gobierna en la relación, el que más aporta, el más inteligente o el más visionario.

Wilson: 3. La envidia*. La envía es el deseo descontrolado de poseer lo que ya otro tiene, sea cualidades, dinero, pareja, hijos, habilidades, etc. Hay que diferenciar la envidia de la imitación, la admiración y la inspiración. La enviada te hace vivir infeliz y con sentimientos de fracaso y produciendo ansiedad, depresión, inconformidad y desánimo. La admiración y la inspiración en alguien te empuja hacia las metas que otros tienen, pero no bajo el impulso de la envidia, sino de la admiración. Cuando uno de los dos, o los dos en la pareja, posee el mal de la envidia, generará en su entorno las emociones ya descritas y, de esa manera, es imposible vivir sin límites.

Cuando yo comencé mi noviazgo con Sandra, de cierta manera, era celoso, pero esos celos no estaban enfocados a que ella me iba a engañar con otro hombre. Hoy analizando el fenómeno me doy cuenta de que le tenía envidia, porque ella era amable, cariñosa, con un buen léxico, habilidosa en las ventas y con la capacidad de llamar la atención a los demás. **Veía en ella cosas que yo quería poseer y no tenía.** Este sentimiento negativo se convirtió en celo y esto trajo mucha discordia y desamor en mí. En vez de admirar a la mujer que Dios me había dado, sentía envidia. **La envidia viene de la baja autoestima y es un sentimiento que puede ser trabajado y controlado cuando trabajamos primero en el "Ser" en vez del "hacer".** Es importante puntualizar que lo semejante atrae a lo semejante. La envía no trae más amor, sino más de lo mismo, dolor.

Sandra: 4. La jactancia*. Es la alabanza que una persona se hace a sí misma. El consejo es que no debemos tener un concepto más alto de lo que podríamos tener. Aunque tener valía de sí mismo es importante, los hombres o mujeres jactanciosos tienden a irritar a los demás debido a que no paran de hablar de ellos y de sus logros o cualidades. Un esposo o esposa podrían vanagloriarse de su capacidad de gustarle o atraer al sexo opuesto, hablando de ello constantemente y esto no es algo cómodo.

Sandra: 5. La vanagloria*. La vanagloria la definiría como la expresión externa del orgullo y la jactancia.

Wilson: 6. La vanidad*. La palabra vanidad del latín *vanitas*, es la cualidad del vano (vacío, hueco o falto de realidad, sustancia o solidez). El esposo vanidoso o la esposa vanidosa muestran en sus acciones desprecio hacia el otro. **La vanidad hace que el cónyuge muestre rebeldía, irrespetuosidad y arrogancia. Las personas vanidosas son vanas y superficiales. Esto es una persona que toda su energía y tiempo lo enfoca en su exterior, en cosas como joyas, ropas, zapatos, cirugías, etc.** El vanidoso solo invierte en lo externo. Tiene baja autoestima por lo que le hará la vida difícil a su compañero tratando de agradarse a sí mismo(a) sin calcular el costo y las consecuencias.

Sandra: 7. La mentira*. Wilson, definir mentira es sencillo, pues podríamos definirlo como la ausencia de la verdad. Todo lo que está oscuro, oculto, todo lo ambiguo, es mentira. La mentira es un veneno en contra del amor debido a que una persona que practica la mentira con su cónyuge pierde la confianza y al perder la confianza se enfrían en las relaciones. El efecto que produce el agua en el fuego es el mismo que produce la mentira en las relaciones. Cuando el esposo o la esposa se esconden para hablar por teléfono, cuando tienen amigos escondidos, cuando no dicen lo que realmente ganan, cuando tienen relaciones extramaritales o cuando simplemente ocultan una verdad, se están tomando el veneno de la mentira. Cualquier cosa oculta es una mentira que mata. No necesariamente lo que esconde tienen que ser malo, pero al esconderlo trae un fruto de destrucción y dolor.

El efecto que produce el agua en el fuego es el mismo que produce la mentira en las relaciones.

Wau, Sandra, tú me ha dejado con la boca abierta con esa definición, pues hay cosas tan pequeñas que luego pueden hacerse grande. Sé de personas que comienzan a mentir de manera de broma o de forma "inocente", pero luego lo hacen un hábito viciado.

Marcos era un mentiroso, éste conseguía las muchachas haciéndose pasar por un joven rico. Un día mientras Marisol caminaba de la escuela hacia su casa, ve a Marcos muy bien vestido y elegante que estaciona su carro cerca de ella. Con el dedo, el joven la señala y le pregunta:

—**¿Deseas que te lleve a tu casa?**

Marisol, viendo que el joven es de aspecto agradable, le dice:

—**Claro que sí, ¿por qué no?**

Para que puedas tener un contexto claro de la situación, en mi país, por lo menos en mi tiempo, solo tenían carros las personas bien posicionadas económicamente.

Mientras iban en el camino, Marcos aprovechó cada situación para enamorar a Marisol, quien se presentaba muy a gusto con la presencia y las palabras de él.

—**¿A qué te dedicas, si no es mucho averiguar"?** —le pregunta Marisol.

—**Yo, bueno, trabajo en los negocios de mis padres.**

—**¿Negocios?** —dice ella admirada—. **¿Qué tipo de negocios?**

—**Mi padre es el dueño de la Farmacia Lucia (Drog Store) que está frente al parque principal de la ciudad. También del supermercado "El Encanto" que está en la Avenida Sánchez, y por otro lado tenemos la estación de gasolina "Texaco", en la avenida Juan Pablo Duarte.**

Finalmente llegaron a la casa de ella y, mientras ésta bajaba del vehículo, él le pregunta:

–¿**Volveremos a vernos?**

–**Claro, ¿por qué no?** –dice Marisol mientras sonríe alegremente.

–**Pero dame tu teléfono** –le dice Marcos, con una mirada penetrante y una sonrisa maliciosa.

–**Tú no pierdes tiempo, ¿eh?** –le expresa ella con cierta picardía. Pero mientras se lo dice, entra su mano en el bolsillo, saca un lápiz y escribe en un papel su número telefónico, extiende su mano y se lo entrega–. **De todos modos sé que no vas a llamar, me imagino que le pides el número de teléfono a todas las chicas que suben en tu carro** –replica ella mientras sonríe.

–**No, la verdad es que voy contigo en serio** –acotó Marcos mientras toma el papel que le está entregando Marisol. Y prosigue–: **Gracias, Marisol, nos veremos luego y cuídate mucho.**

Los días comenzaron a pasar y cierto día cuando Marisol ya no lo espera, recibe una llamada, era Marcos informándole que si ella estaba de acuerdo él pasaría por su casa ese sábado en la noche. Ella ve extrañada esa propuesta, pensó que Marcos la llamaba para invitarla al cine o a la discoteca, y luego tratar de llevársela a un Motel, pero que él dijera que iba para su casa le dio cierta satisfacción y confianza sobre la persona de Marcos, además de esto se libraría de la lucha con su mamá convenciéndola de dejarla salir con el buen hombre que había conocido camino a la escuela.

Terminada la conversación con Marcos, ella inmediatamente corre donde estaba su mamá y le informa todos los detalles sobre este apuesto joven y, por supuesto, a la conversación le añade la información de la posición económica de sus padres. La señora, gustosamente, se prepara para recibir como se merece al que posiblemente va a ser el esposo de su hija.

Los días van pasando y pronto Marcos y Marisol comienzan un noviazgo formal.

Wilson, al escuchar tu historia no puedo quedarme callada sin hacer un comentario sobre esta parte. Algo muy importante para las personas que no han elegido su pareja es que averigüen un poco sobre la misma antes de comprometerse. Muchas personas se casan o se comprometen con alguien sin saber de quién es hijo, si padece de una enfermedad, si ha caído preso, si es un abusador de niños, qué enfermedades son hereditarias en esa familia, si tienen tendencia a problemas mentales, etc. Si no sabes nada de la persona con la que te piensas casar, es posible que te estés llevando contigo un serio problema en vez de una bendición.

Gracias, Sandra, muy aceptado tu comentario; parece que adivinaste mi pensamiento, pues la historia de Marisol y Marcos cuenta que este visitaba constantemente la casa de su novia. Un día Marisol, preocupada, pues nunca había visto a la familia de Marcos y porque nunca lo había vuelto a ver guiando el carro en el cual lo conoció, comenzó a inquietarse al respecto.

Los pensamientos de que Marcos podría estarle mintiendo golpeaban como un martillo su corazón. Un día Marisol no pudo soportar más y le hizo la pregunta:

—**Amor de mi vida, perdona que te haga esta pregunta, hace un tiempito que la quería hacer, pero no quiero que te enojes y que tú pienses que yo estoy contigo por cosas materiales. La pregunta que quiero hacerte es: ¿Por qué tú no has vuelto a casa en tu carro y por qué nunca me has llevado a ver a tu familia?**

Marcos la mira fijamente y sonriendo le contesta:

—**No amor, eso no me ofende, gracias por la pregunta, pero ese carro mi papá me lo regaló para mi cumpleaños y mi padre es muy materialista, por ejemplo, él no ha venido a esta casa, porque él quería que yo me casara con una mujer económicamente a nuestro nivel y, por estar contigo, me ha amenazado con quitarme todo; pero no te preocupes, tú**

eres la mujer que amo, y yo sé que él lo va a entender, pues soy su único hijo y su hijo amado.

Las personas mentirosas mienten mirando a los ojos, ésa es la razón por la que digo que mirar a los ojos de alguien no es prueba de no mentir. Hay personas que confunden la baja autoestima con ser mentiroso. **El mentiroso te mirará a los ojos y te mentirá, eso él lo puede hacer bien, lo que no puede hacer es decir la verdad y escapar de sus mentiras.**

Marisol se queda callada, esa respuesta no contesta todas sus preguntas, pero la deja en una posición muy incómoda para seguir interrogándole, y ahora sus planes de conocer a sus padres se hacen menos posibles, pero decide seguir creyendo que él la ama como ella a él y esperar lo mejor de esa relación.

> *El mentiroso te mirará a los ojos y te mentirá, eso él lo puede hacer bien, lo que no puede hacer es decir la verdad y escapar de sus mentiras.*

La mamá de Marisol, que le gana la curiosidad por saber dónde vive el novio de su hija, en un tiempo prudente se le acerca y le dice que ya es tiempo de saber dónde vive Marcos. Marisol le deja saber todo lo que él le expresó y el temor que esto había despertado en ella de perderlo. Pero su madre le aplaca el temor diciéndole que ella es hija de una familia con pocos recursos económicos, pero con dignidad, también le deja saber que ella en el pasado había hecho cursos de etiqueta y protocolo y que sabía portarse dignamente delante de persona ricas. Marisol se entusiasmó y le dijo a su mamá que por favor comenzara a darle algunas clases y que planificarían el día de ir a la casa de él. El día fue marcado, era el día del cumpleaños de Marcos, y se lo iban a dar como sorpresa., Marcos, para ese entonces, ya tenía una semana que no iba por la casa su novia y era probable que estuviera enfermo.

–Mamá, mamá, pero ¿cómo lo vamos a encontrar? Él nunca nos ha dado la dirección de su casa, además, aunque venga a casa antes de ese día queremos darle una sorpresa. Prefiero que sea así, antes que comunicárselo y que él me diga que no puede recibirnos y que esperemos a que sus padres acepten. Esta curiosidad por conocer rápido a sus padres me está volviendo loca, porque sé que ellos me van a aceptar cuando me conozcan.

–No te preocupes, mi hija, si sus padres tienen tanto dinero y negocios en la ciudad, encontrarlo no será algo difícil, sabemos dónde están los negocios que él te mencionó como parte de sus propiedades y le preguntaremos a los empleados para que ellos nos ayuden y quién sabe si salimos de suerte y lo encontramos en los negocios de sus padres.

–Pero Ma, ¿y si él se enoja?

–Bueno, hija, ese día será excelente para conocer quién es él realmente, porque aunque queremos mucho a Marcos, a veces parece que no lo conocemos.

–Quisiera pensar que usted está equivocada, pero tengo que admitir que usted tiene mucha razón, Ma.

Llegó el día tan esperado, Marisol vistió su mejor ropa y ella y su madre se dirigieron a la ciudad en su encomienda (para que entiendan el contexto, la mayoría de las ciudades en mi país tienen de 10 mil a 100 mil habitantes, las personas con dinero y negocios mayormente son muy conocidas por todos, lo que se hace fácil encontrarlos).

Ellas llegan a la ciudad en un carro de uso público e inmediatamente se van a los negocios que Marcos había mencionados como propiedad de la familia, pero en ninguno de ellos lo conocían. Después de preguntar en la estación de gasolina del centro de la ciudad, la madre le pasa la mano a Marisol por la cabeza y le dice:

–**Hija, por lo menos lo intentamos.**

—Mamá, ¿y si es que él no le dice a los trabajadores nada sobre su vida o quizás le tienen prohibida a la servidumbre dar sus informaciones personales?

Muchas personas antes situaciones deshonrosas de parte de su pareja prefieren hacerse los desentendidos por miedo a enfrentar la verdad.

—Inteligente, mi hija, igualita a su madre. Hablemos a los motoconchistas de la ciudad, que ellos conocen a todo el mundo (los motoconchistas son una especie de taxistas, pero su servicio es en motor).

Aunque les preguntaron, parecía que nadie lo conocía, por lo menos con ese nombre, finalmente cuando ya se iban desilusionadas, un señor les pregunta:

—**¿Y cómo se llama la persona que usted busca?**

—**Marcos Pérez** —dice las dos mujeres casi al unísono.

—Marcos Pérez, Marcos Pérez, Marcos Pérez, sería Marquitos, yo conozco a alguien que se llama Marquitos, pero él no tiene dinero, ni sus padres son dueños de nada, al contrario, nunca conoció a su padre, vive solo con su mamá y en un lugar muy pobre, muy peligro y muy difícil de llegar.

—**No, no, nooo... ése no es mi Marcos** —dice Marisol.

—**Bueno, es el único que a mí me suena** —expresa el motorista.

La madre interrumpe diciéndole a Marisol:

—Es mejor ir a ver, ya hemos hecho mucho para llegar hasta aquí, no nos vamos a quedar a mitad del viaje sin ninguna solución y explicación, además, como se llaman iguales, él podría conocerlo.

—**Mamá, si no lo conocen los empleados, menos un desconocido** — Replica Marisol moviendo con rapidez los brazos y casi con lágrimas en los ojos.

—Bueno, hija, el mundo es misterioso y la respuesta a veces está donde menos tú lo piensas, siempre es bueno tener fe y confiar.

Las dos se subieron en el motor y el hombre pone las maletas casi en el timón, los tres comienzan a internarse en los barrios marginados de la ciudad, cuando ya el motor no puede seguir, el motorista se detiene y les explica:

—Deben seguir ustedes, ese barrio se llama el barrio de los cartones, y no es seguro seguir hacia allá, además, el motor no cruza por los arrecifes y las cañadas que hay antes de llegar a su casa, pero ustedes pregunten por Marquitos más hacia adelante, que cualquiera le puede indicar dónde es su casa.

Las dos mujeres se miran, están asustadas, incrédulas, pero a la vez decididas a encontrar la verdad. **Encontrar la verdad siempre requiere valentía y coraje.** Ellas tienen más de tres semanas que no ven a Marcos y es necesario seguir en busca de la verdad.

Para ellas es imposible que éste sea el barrio del joven limpio y apuesto que va siempre a su casa, por lo que se preguntan: ¿Podría Marcos Pérez vivir en un lugar como éste? Era mejor averiguarlo. Comenzaron a subir y a bajar cuestas y a cruzar cañadas hacia el lugar que el motorista le había señalado. En el camino, le preguntaron a un señor el cual se veía como alguien en el que se podía confiar y éste le señaló la casa exacta donde vivía el supuesto Marquitos. La casa señalada es una casa hecha de cartones, con algunos remiendos de hoja de latas viejas. La casa se ve inclinada hacia un barranco donde descansan los pilotillos (cimientos) casi al desborde.

Temblando de la impresión, las dos mujeres se siguen acercando. La madre nerviosa mira el reloj, son cerca de las tres de la tarde, pero a pesar del horario se oyen algunos murmullos en la cocina y un humo leve que sale del techo. Las dos se acercan en puntillas hacia la puerta de la casa que permanece abierta, pues sus puertas de hojas de latas viejas no hace diferencia cuando está abierta o cuando está cerrada. En el silencio de la casita, se escucha muy leve unos dientes que mastican algo que se nota como si estuviera duro. El que comía estaba de espalda y lo que almorzaba era un poco de cocón que la mamá había conseguido en casa de la vecina.

Cuando finalmente visualizan bien quien es el que está de espalda y sin camisa, la hija grita:

—¡Ay, mi Marquitos!

Él, cuando escucha la voz de Marisol, tira el plato hacia el aire y sale corriendo y gritando. La madre de Marcos Pérez, que se encuentra a poca distancia, viendo la actitud de las mujeres en su casa y el hijo corriendo, se pone las manos en la nuca y deja salir un grito:

—¡Ay, mi hijo! ¿Cuándo tú vas a aprender a ser un hombre honesto? ¿Qué otro engaño has vuelto hacer?

Finalmente se supo que todas las informaciones de la vida de Marquitos eran falsas, incluyendo su carro que lo había tomado del lavadero donde él trabajaba. El amor no necesita la mentira, pero la infatuación se alimenta de la misma. El que ama, se goza de la verdad, pero el que está infatuado piensa que, en el amor y la guerra, la mentira y el engaño son válidos. Cuando el infatuado ve una persona con el fin es tenerla, entonces, miente para hacerlo y luego miente tratando de sostener lo que consiguió mintiendo. Esto lo hace vivir una vida de mentiras, tras mentiras; que finalmente en algún momento éstas se volverán en su contra. El problema de la mentira es que requiere de otra mentira para sobrevivir y ese mal se va fortaleciendo, y llega un día donde la persona queda atrapada en sus propias mentiras. El que ama, no requiere mentir, porque el amor es perfecto y lo perfecto no tiene comunión con lo falso, pues "la Luz no tiene comunión con las tinieblas".

Sandra: 8. El engaño*. El engaño es otro severo enemigo del amor, pues en éste hay una total ausencia de la verdad.

Generalmente el engaño se encuentra asociado a tretas y artimañas, con las cuales se consigue el propósito. Las personas engañosas dicen: **"Cómo consigo las cosas no es importante, lo importante es obtenerlas".** El engañoso no le importa cómo transita en el camino, sino llegar hasta el fin.

Wilson: 9. La ira*. La ira, la rabia, el enojo o la furia son emociones que se expresan a través del resentimiento o de la irritabilidad. Los efectos físicos de la ira incluyen aumento del ritmo cardíaco, de la presión sanguínea y de los niveles de adrenalina y noradrenalina. Algunos ven la ira como parte de la respuesta cerebral de atacar o huir de una amenaza o daño percibido. La ira se vuelve el sentimiento predominante en el comportamiento, cognitivamente y fisiológicamente. Cuando una persona hace la decisión consciente de tomar acción para detener inmediatamente el comportamiento amenazante de otra fuerza externa, lo hace con el poder de la ira. La ira es parte del sistema de defensa del ser humano, pero descontrolada puede tener muchas consecuencias físicas y mentales.

Las expresiones externas de la ira se pueden encontrar en la expresión facial, lenguaje corporal, respuestas fisiológicas, en momentos y en actos públicos de agresión. Humanos y animales, por ejemplo, hacen fuertes sonidos de ira cuando intentan verse físicamente más grandes que el agresor o el oponente, mostrar los dientes, y mirarse fijamente. Rara vez ocurre un altercado físico sin una previa expresión de ira de por lo menos uno de los participantes. La ira causa una pérdida en la capacidad de automonitorearse y en la observación objetiva.

Aunque muchos psicólogos antiguos tratan la ira como una reacción primitiva y como un mecanismo de defensa de los humanos, la ira incontrolada puede, sin embargo, afectar negativa, personal o socialmente la calidad de vida. De hecho, Pablo dijo: "Airaos pero no pequéis". La ira causa males en el organismo, daños intestinales, estomacales, nerviosos, neuróticos, y otras enfermedades. También provoca peleas innecesarias.

El aumento de la ira en muchos casos tiene que ver **con heridas del desamor, el engaño, Las frustraciones, el estrés, el mal dormir, la incertidumbre, la falta de dinero, las enfermedades, presión en el matrimonio, insatisfacción personal, sentimiento de fracaso y falta de trabajo**.

La ira descontrolada hace que los esposos hagan y digan lo que no quieren, y que en la mayoría de los casos las heridas y el dolor permanezcan, aunque se arrepientan.

No sé, Wilson, si te acuerdas de la pareja que conocimos que tenían una buena casa, buenos carros y hasta una vida económica estable, pero tenían muchos problemas, porque para mantener ese estilo de vida el esposo tenía que trabajar hasta dieciocho horas al día. La esposa había perdido el trabajo y ahora mantener ese estilo de vida les parecía imposible. Él explotaba en ira casi todo el tiempo y con este problema ella había perdido el deseo de tener sexo con él y de permanecer a su lado. **Esto lo ponía más furioso y lo llevaba a un círculo vicioso de maltratos, palabras duras y amenaza**. Literalmente este hogar se sentía pesado, como si fuerzas ocultas estuvieran agazapadas en el mismo. Fue después de mucha consejería que él entendió que debían programarse mejor, tener paciencia y dejar que ella consiguiera un trabajo en otra área para que le fuera de apoyo económico. Éstos comenzaron a sanar cuando empezaron a trabajar el control de los ataques de ira.

Sandra: 10. El odio y el rencor*. El odio y el rencor se alimentan con la ausencia del perdón. Estos males causan irritaciones y enfermedades, como gastritis, estreñimiento, cáncer de colón, problema de hígado y sentimientos dañinos como falta de paz, falta de concentración, incomodidades, falta de control y la pérdida del buen humor. Muchas esposas no pueden tener intimidad o mostrarle amor a su esposo, porque fueron abusadas en el pasado y no han podido dejar ese odio en el pasado. El odio produce falta de deseos sexuales, falta de expresión del amor como caricia y palabras motivadoras.

Las personas que guardan estos males en el corazón sufren de ira, amargura, pierden fácilmente las amistades, juzgan fácilmente a los demás, también se ofenden con facilidad, se aíslan y no suelen dejar ver sus debilidades o su vulnerabilidad con miedo a volver a ser heridos por alguien más.

Los amargados no aman plenamente y dejan salir su amargura pronunciando palabras como: "Me casé, pero vamos a ver qué pasa, es que en estos tiempos no se puede creer en nadie"; "tengo tres hijos, pero lo más seguro es que son hijos de mi esposa y no míos, porque nunca se sabe"; "nunca se puede meter la mano al fuego por nadie, no se puede creer en seres humanos"; "mi esposo dice que me ama, pero él que cree en el hombre y no cree en Dios".

> *El odio y el rencor son como cadenas que atan tu alma a alguien de tu pasado y cuyas cargas no te permiten avanzar con plenitud hacia lo que realmente amas.*

Wilson: 11. La injusticia*. Podemos llamar justicia a la obediencia perfecta de todos los principios del Universo, la injusticia es la desobediencia a los tales. Un ejemplo de injusticia es que hay hombres que creen que su esposa no merece nada, porque no trabajan fuera de la casa y la avergüenzan por este hecho, olvidándose de todo lo que hacen en el hogar y cuánto hacen con los hijos. Otro ejemplo de injusticia es que hay mujeres que presionan y amenazan con dejar a sus esposos, porque tienen unos meses sin trabajo y ellas trabajan, cuando ellos fueron los que trabajaron toda la vida y sostuvieron económicamente la familia, pero ahora que la balanza se volteó, se convierten en mujeres impacientes.

Por otro lado, muchos hombres maltratan físicamente a su esposa, por ser esta más frágil o físicamente más débil. Otras mujeres maltratan a su esposo con palabras y hechos cuando los maldicen, atentan con su honor de hombre cuando lo critican en público o con algunas amigas; o cuando la esposa amenaza al esposo con no tener intimidad a menos que no le compre algo o la complazca con algo material. Otro acto de injusticia es que muchos padres maltratan a sus hijos con golpes, palabras y acciones con las excusas de que "el que ama, castiga". Ellos se olvidan de que éstos son frágiles e inocentes, y de que ningún padre debe descargar su ira sobre los hijos.

Es injusto cuando un esposo no quiere compartir sus bienes económicos con su pareja de muchos años, y viceversa. Cuando no le permite tener su nombre en la cuenta del banco, en el título de la casa, del negocio, del carro, cuando no la deja decidir sobre la finanza, etc. El amor no se goza de la injusticia, más se goza de la verdad.

Sandra: 12. El egoísmo*. El término egoísmo hace referencia al amor excesivo e inmoderado que una persona siente sobre sí misma y que le hace atender desmedidamente su propio interés. Por lo tanto, el egoísta no se interesa por el interés del cónyuge, sino que rige sus actos de acuerdo a su absoluta conveniencia.

Wilson: 13. Los celos*. Los celos son una respuesta emocional que surge cuando una persona percibe una amenaza hacia algo que considera como propio. Cuando una persona ve que su amado cónyuge presta atención a alguien o algo más que a su pareja, se puede poner celosa. Como dije anteriormente, me refiero aquí como celo al sentimiento de envidia hacia el éxito o posesión de otra persona. Según los expertos, el celo es un sentimiento propio de todo ser humano. Debido a esto, una persona solo puede vencer el celo cuando ama de todo corazón.

Llamamos celos a cuando una mujer que no puede ver a su esposo hablando o compartiendo con nadie, un hombre que no puede ver que su esposa mire hacia otros lados sin que la acuse de pretender otro hombre. Cuando yo comencé el noviazgo con mi esposa, yo era muy celoso, tomé algunas terapias con mi profesora de psicología del desarrollo humano y ésta me ayudó increíblemente en esta área de mi vida. ¿Qué método utilizó ella para apoyarme? Bueno, al decirles cuál fue, primero tengo que aclarar que esta terapia parecería un poco tonta, pues parecía más una clase de motivación que de psicología.

Ella, en la consejería, me decía palabras como: "Tú eres un joven que cualquier mujer quisiera tener y contraer matrimonio. Tu sonrisa es muy hermosa, tus ojos siempre muestran una sonrisa muy agradable, tu novia nunca te va a dejar, esa mujer tiene que estar loca por ti, etc.". En cada sección ella me declaraba una y otra vez algunas de estas palabras. Hasta que un día comencé a ver que ya no era un hombre inseguro, parece mentira, pero descubrí que los celos hacia Sandra eran parte de mi baja autoestima.

Analizando bien mis antiguos celos, yo no solo te celaba, Sandra, cuando era complaciente con alguien más, sino también cuando salíamos a hacer ventas, pues tú eras muy buena vendiendo, y me daba miedo que me superaras. Los celos están infundidos por la baja autoestima, la inseguridad, el temor, el pasado y son parte de una naturaleza egoísta. A ninguna de las emociones que desencadena el celo se le puede llamar amor.

> *Los celos están infundidos por la baja autoestima, la inseguridad, el temor, el pasado y son parte de una naturaleza egoísta*

Sandra. 14. La contienda*. Una contienda es una disputa, una pelea, una riña, una discusión o un debate. El término procede del verbo contender (batallar, altercar, lidiar). En los hogares donde unos de los dos cónyuges es contencioso, el ambiente se torna pesado y todas las cualidades del amor se ven oscurecidas por este mal hábito. Tengo que admitir que muchas mujeres son contenciosas y que no se detienen de hablar y pelear. Las mujeres que tienen este problema en muchas ocasiones lo hacen porque tienen malas experiencias de su pasado. Nadie quiere estar en la casa de una mujer contenciosa: "Mejor es vivir en un rincón del terrado, que en una casa con una mujer rencillosa. La gotera continúa en día de lluvia y mujer rencillosa son semejantes".

Los hombres contenciosos luchan en su afán por tener todo el control de los demás o quieren sacar al exterior todas sus frustraciones, estas personas crean desamor en su compañera, pues ella comienza a cansarse de ese ambiente pesado, belicoso, tóxico y rígido.

Wilson: 15. La rutina*. Del francés *routine*, una rutina es una costumbre o un hábito que se adquiere al repetir una misma tarea o actividad muchas veces. La rutina implica una práctica que con el tiempo se desarrolla de manera casi automática, sin necesidad de implicar el razonamiento en esta etapa, pues ya se ha formado un hábito.

Las personas son guiadas por hábitos, los cuales rigen sus vidas. Éstos hacen que las personas se sientan cómodas y seguras. Una persona se levanta en la mañana y automáticamente se baña, se cepilla, se pone la ropa, se toma una taza de café, se va al trabajo a un horario que comienza todos los días a la misma hora y termina de igual manera. Millones de seres humanos viven y responden a una rutina. Las rutinas son importantes para desarrollar disciplina, pero cuando de pareja se trata la rutina se convierte en un enemigo peligroso, ya que ésta mata la creatividad, y al matar la creatividad en la pareja a los esposos le baja el nivel de adrenalina que debería fluir en la sangre cuando se tocan o hacen el amor.

Como entrenador de líderes, sé que una persona que no tiene que enfrentar ningún reto y que hace todo automáticamente, comienza a morir lentamente. El ser humano pierde mucho interés por lo conocido y lo que se hace común. Esto se deja ver muy claro en las relaciones. Tú puedes ser un artista, un predicador, un motivador, un conferencista o un escritor famoso, pero nadie de tu casa te pide un autógrafo o te dice que por favor le permitas una foto para enseñársela a los amigos. **Las personas suelen no valorar lo que se hace común y conocido.** Hasta Jesús tuvo problemas por esta práctica. Dice la historia que éste iba a todas las aldeas haciendo milagros, pero en la ciudad donde nació no pudo hacer ninguno, pues la gente decía: "¿No es éste el hijo de José el carpintero?". Eso es como decir: "¿No es éste el don nadie que iba a mi casa a comer tortillas, frijoles y a jugar soccer con mis hijos?".

El ser humano pierde mucho interés por lo conocido y lo que se hace común.

Este mismo efecto produce la rutina. Nos hacemos tan familiar con las cosas, que pierden el interés. Cuando los esposos tienen una vida rutinaria, pierden el interés por estar juntos y por el sexo. Hablando de sexo, la intimidad sexual rutinaria hace perder el interés por el mismo. Los esposos suelen hacer el sexo de manera rutinaria y hasta con cierta exigencias y restricciones, esto lo digo porque cuando eran novios lo hacían cada vez que podían o tenían oportunidad y donde fuera, en el carro, en la grama, en la playa, en el agua o detrás de una puerta. Esto es lo emocionante del sexo. Pero muchos, cuando se casan, ya no pueden tener sexo si no es en una cama en posición del misionero y con la puerta cerrada. Otros están mejores y practican algunos juegos sexuales y diferentes posiciones. Las posiciones y los juegos sexuales no acaban con la rutina, ya que estos mismos pueden hacerse rutinarios.

¿A qué llamo relaciones sexuales rutinarias? Cuando los cónyuges siempre toman las mismas posiciones, hacen el amor en los mismos lugares, tienen en el sexo el mismo preludio y posludio, la misma cama y el mismo lugar, la misma forma, el mismo estilo, los mismos movimientos, las mismas palabras, emociones y caricias; eso es rutina, es cuando no se práctica nada nuevo y se sigue un patrón aprendido.

La rutina se puede estar presente en todas las áreas del matrimonio. Cuenta la leyenda que todos los males, tales como la envidia, el rencor, la mentira, el adulterio, los celos, la ira, la rencillas y la envidia, se reunieron en contra de un matrimonio que estaba muy sólido, pero pasado el tiempo, estos males se dieron cuenta de que ningunos podría contra ellos.

Un día, en una desesperada reunión de planificación y evaluación del trabajo realizado en contra del amor y la unión de la pareja, estos males se quejaban de los malos resultados. Cuando ya todos se daban por vencidos, entró un misterioso caballero con ropa negra y un siniestro sombrero ladeado en su cabeza. Éste interrumpe la reunión al gritar en voz alta: **"Yo lo haré"**. Todos miran con asombro y le dicen: **"Si todos nosotros, con los poderes que tenemos, no hemos podido hacer nada, ¿cómo tú lo harás? ¿Quién eres?"**. "Lo haré fácil, yo me llamo **Rutina**".

Todos los presentes aceptaron que Rutina tomara el reto y, así, ésta se fue a cumplir su propósito. En pocos meses estaban de nuevo reunidos para analizar los informes y Rutina trajo el suyo. Éste comienza la reunión diciendo: **"Señores de la sala, quiero darle la buena noticia que los esposos se separaron y ahora son enemigos"**. Todos le preguntaron a Rutina como pudo hacer algo tan rápido y efectivo. Éste les dice: **"Mi poder, el de la rutina, consiste en que destruir y matar todo lo que está vivo"**.

La rutina es el enemigo de la creatividad y el aliado número uno de la depresión y la muerte.

Sandra: 16. El temor*. El temor es uno de los tres poderes emocionales más poderoso en la tierra. Según algunos expertos sobre el tema, el primero es el amor, el segundo es el sexo y el tercero es el temor.

Los diez temores principales de los seres humanos son: **"El temor a la muerte, el temor a la soledad, el temor a la enfermedad, el temor a perder un ser querido, el temor al compromiso, el temor al futuro, el temor al fracaso, el temor al cambio, el temor a la crítica y a no cumplir sus sueños"**.

Donde hay amor, muere de hambre el temor, "porque el perfecto amor echa fuera el temor". Yo no entendía este concepto hasta que me casé y tuve que enfrentar situaciones por mis hijos y mi esposo, las cuales de otro modo yo hubiera evitado enfrentar o hubiera corrido despavorida. Situaciones donde he tenido que olvidar mis propios gustos, mis propias iniciativas o mis temores para que ellos estén seguros.

No hay fantasmas, por así decirlo, que me puedan atemorizar cuando se trata de mi familia, y Wilson me ha dicho lo mismo. Enfrentaría por mi familia al infierno con todos los demonios si fuera posible, aun así, saldría victoriosa. El amor tiene poder sobre el temor, pero esto solo se sabe cuándo el amor es verdadero, de lo contrario las personas presentarán todo tipo de excusas para no hacer nada diferente a lo que ya hacen.

Wilson: 17. El adulterio*. Se le llama adulterio cuando uno de los dos cónyuges tiene relaciones sexuales con alguien que no es su pareja. El adulterio trae desconfianza, temor, dolor, odio, ira, contienda, disensiones, y la perdida de la confianza en el implicado.

El otro problema del adulterio es que causa un sentido de insatisfacción, lo que hace que la persona adultera no quiera detenerse, sino buscar este tipo de acto una y otra vez, menospreciando al cónyuge que eligió amar y respectar para toda la vida. Un ejemplo de lo traumático que es el adulterio lo podemos ver en que la mayoría de las personas que cometen adulterio y pierden en consecuencia el matrimonio, no se casan con la persona con la cual tuvieron la aventura. Esto muestra que las personas mayormente no adulteran por amor, sino porque comienzan a perder la capacidad del amor puro. Es imposible amar cuando no hay respeto y confianza, cuando el hombre o la mujer no están enfocados en una sola persona. Puede haber mucha pasión, mucho sexo y aun hasta mucha diversión, pero siempre estará el vacío del amor.

Sandra: 18. La orgía*. Se le llama orgía a una relación sexual con más de una persona a la vez, pudiendo ser tres, cuatro o un grupo. También si dos personas están teniendo intimidad y alguien está mirando con consentimiento mutuo, a esa relación se le llama una orgía. Hay personas que intercambian las parejas, esto también es una orgía.

La orgía es enemiga del amor por ser este puro, bueno y bondadoso. Cualquier método de estímulo que una pareja tome que no esté basado en alimentar el amor de ellos dos y que tenga que involucrar a una tercera persona en sus relaciones sexuales, es una orgía. Todo lo que no es amor lleva a la pareja a la separación física, emocional y espiritual. Los esposos deben aprender a estimularse basados en sus propios juegos sexuales o en sus propias actividades, no basados en lo que otras personas o parejas les puedan proporcionar.

Concluimos diciendo que todo aquello que no sea puro, bueno, necesario, o de buen nombre, no es amor; y todo lo que no está fundado en la plataforma del amor, no puede construir un matrimonio sin límites.

REFERENCIAS BIBLIOGRÁFICAS:

Juan G Ruelas. Lagartos Reprensibles. Fresno CA. Editorial Renuevo. 2012.

Dennis y Bárbara Rainey. Diez secretos para desarrollar una familia fuerte. Miami, Fl. Editorial UNILIT. 2003.

Jon Gordon. El perro positivo. Empresa Activa. Sur América. Editorial Urano. 2013

TIM LAHAYE. Descubre su potencial, Manual del temperamento. Miami, Fl. Editorial UNILIT. 1987

S. Yeury Fereira. Predicacion de la Teoría a la práctica. CreateSpace Amazon Company. Charleston. 2012.

Sharon Jaynes. El poder de tus palabras, Mujer descubre el impacto de lo que dice. Mundo Hispano. 2008

Enrique Chaij. Sobre el Sexo y el amor. Agencia de publicaciones México central, Asociación de publicadora interamericana, Octubre, 2009.

DeBora Ulgalde. Quiero ser Feliz. Debora ulgalbe. Elisabeth, NJ. 2015.

Casiodoro de Reina. Biblia Reina Valera 1960. American Bible Socierity. 1569.

www.importancia.org/Matrimnio

Jonh Gray. Los Hombres son de Marte y las mujeres de Venus. Editorial Grijalbo, casa del libro.1992

Dr. Isidro Aguilar & Dra. Herminia Galbes. Vida Amor y sexo. Editorial Safeliz. Madrid, España. 2da Edición 1990.

Ben Paz. Una vida bendecida. Centro Cristiano Palabras de Vida. Bronx New York. 2012.

Enrique Chaij. Sobre El Sexo y el Amor. Asociación Publicadora Interamericana. Dural Florida. 1990.

Philip G.Sanaan. El Método de Cristo para Testificar. APIA. Miami Florida. 1990.

http. Definición/aceptación.

www.conceptos.com/ciencia/sociedad/apresiacion.

Willard F. Harley, Jr. Lo que él necesita, lo que ella necesita. Estados Unidos de América. Bakers publishing Group.

Nancy Van Pelt. Sin reservas el arte de comunicarse. Madrid-España. Editorial Safeliz. 1995.

Melgar Ceballos Marvin. (2011, marzo 2). Diferencias intelectuales entre mujeres y hombres. Recuperado de http://www.gestiopolis.com/diferencias-intelectuales-entre-mujeres-y-hombres/

Wikipedia. La enciclopedia libre. La ira.

Alberto Piernas. http://www.vix.com/es/imj/11245/por-que-hay-tantos-divorcios-en-el-siglo-xxi.

Javier Nicasio. https:////blog.micumbre.com/2007/09/14/10-motivos-por-los-que-se-llega-el-divorcio.

https://fulvida.com/2008/10/20/el-poder-destructivo-de-la-critica-y-como-remediarlo/

Published 14 14UTC septiembre 14UTC 2007, Familia, Inmigrantes , Religión. (Hodgenville, Kentucky, 12 de febrero de 1809 - Washington D. C., 15 de abril de 1865)

Dale Carnegie. Como ganar amigo e influenciar en las personas. Herman rosario, argentina, 1936.

Definición en diccionario electrónico.

Jorge Bucay. Cuentos para pensar. España. 2006

http/www.elcomercio.com/afull/cerebro.hombre-mujer-diferencias-estudio.ttml

http//www.quo.es/ciencia/si-el-cerebro-de-hombre   y mujeres.es-igual

1 Corintios 13:4-9.

Génesis 2:18.

Génesis 2:22.

Génesis 1:26-28

Juan 2:1-10.

Marcos 2:22.

Proverbios 4:23.

Juan 10:10.

Juan 15:1-3.

Juan 8:32.

Mateo 10:8.

Made in the USA
Middletown, DE
15 May 2021